# 솔베이지는 돌아 오지 않았다

인지
생략

들꽃산문선 **7**

**솔베이지는 돌아 오지 않았다**

2023년 12월 10일 초판인쇄
2023년 12월 15일 초판펴냄

지은이/김자현

펴낸이/문창길

펴낸곳/도서출판 들꽃
주소/서울 중구 서애로 27(필동3가) 서울캐피탈빌딩 B2-2호(04623)
전화/02)2267-6833, 2273-1506
팩스/02)2268-7067
출판등록/제5-313호(1992. 5. 15)
E-mail: dlkot108@hanmail.net, dlkot108@naver.com

값/15,000원
* 파본된 책은 바꾸어 드립니다.

ISBN 978-89-6143-234-4 03810

들꽃산문선 7

# 솔베이지는 돌아 오지 않았다

김자현 산문집

들꽃

## | 머릿글 |

일찍이 참을 수 없는 존재의 가벼움을 깨달아 '참을 수 없는 존재의 가벼움' 을 세상에 내놓았던 밀란 쿤데라도 가버린 가을!

하늬바람에도 불려다니는 참을 수 없는 내게 중량을 가하고자 하나 그 의욕 자체가 얼마나 부질없는 짓인가. 벌렸다 하면 자신을 감싸고 있는 사위가 얼마나 그럴싸한 인간과 사회로 둘러싸여 있는지, 과시와 증명으로 날을 새는 사람들처럼!

그러나 부실하다 해도 가을, 어느 들판쯤 서 있는지 확인이라도 해야 하는 것 아닌가. 나를 떠받치고 있는 사회를 향해 감히 '사랑의 발로이었노라' 고백하면서……

2023년 가을 도봉산장에서, 김자현

# 차례

## 1부

2부

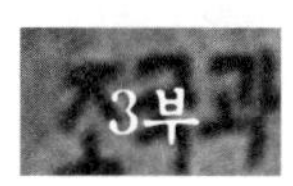
3부

# 제1부

# 변장과 위장의 계절, 12월

변장과 위장의 계절, 12월

실로 12월은 변장과 위장의 계절이다. 세상의 경기가 전만 못하다고 하나 11월 말경이 되면서부터 도시는 반짝이기 시작한다. 빌딩 숲 사이로 멋진 장식의 크리스마스 트리가 군데군데 눈에 뜨이는가 하면, 경기가 죽어 얼마 가지 않아 나라가 망하고 말 것이라는 패거리들에게 불화살을 날리듯 도심의 빌딩 정원수들은 색색의 알전구

▲시청앞 크리스마스 트리.

로 치장하고 마법의 성을 탄생시키고 있다. 12월에는 산타가 굴뚝을 타고 들어오시는 날이 있어서 아이들을 설레게 하는 달이고 완전한 변장과 위장으로 가정마다 하루 산타가 등장하는 달이다. 산타의 정체를 알아버린 아이들에게는 확실한 위장술을 발휘하는 짜릿한 달이다. 오며 가며 어른들 귓결에 자신이 갖고 싶은 세목을 읊조리며 산타의 존재를 요지부동으로 믿고 있음을 표시한다.

송년회가 가까워지면서 지하철 또한 더불어 만원이다. 확실히 음주 가무가 있을 예정이므로 자가용은 주차장에 세우고 이날만은 반드시 대중교통을 이용하기 때문이다. 늦게는 중, 노년 남녀들이 막걸리 혹은 소주에 취한 벌건 얼굴을 들고 삼삼오오 지하철을 타는가 하면 한쪽 구석에선 혼자 된 중늙은이들이 술김에 푹 쳐져 코를 불며 자고있는 광경은 시대의 우울을 더하기도 한다. 계절은 춥고 시절은 수상하나 그래서 더욱 주변을 돌아보며 일 년 동안 낙오하지 않았음을 확인하는 안도의 달 12월이다.

일 년 내내, 툭하면 동창회라고, 툭하면 친목계라고 혹은 조합원 모임이라고, 등산 모임이라고, 마을에서 벚꽃놀이 간다고 산더미 같은 일을 쌓아놓고 나 몰라라 줄행랑을 놓다가 년 말이면 송년회라고 단 한 번 마누라 초청이다. 봄이야 여름이네 가을이다, 꽃 피고 새 울고 울긋불긋한 좋은 날들은, 제 맘에 드는 어떤 연놈들과 끼질러 다니다가 벼룩도 낯짝이 있는지 한 해의 마침표는 마누라하고 제 서방하고 찍고 싶은 모양인가. 에잇- 아니꼽고 더러워서 안갈까 하다가도 반평생 친구가 되어버린 얼굴들이 그리워 단장을 한다. 이걸 입을까 저걸 걸쳐볼까. 가꾸지 않았던 몸매엔 몸빼만이 제격인데 무엇을 입어 남루와 천격을 가리랴! 그럴싸한 옷 한벌 사 입지 못한 주변머리를 탓하며 중얼거릴 때 밖에서 지루하기 짝이없는 구랑의 얼굴엔 짜증이 슬슬 이끼처럼 핀다. 봄부터 가을까지 뙤약볕에 그을러 장독같이 탄 얼굴에 뽀얘지라고 크림을 덕지덕지 바르지만 항아리 뚜껑에 분을 바른들 여자의 얼굴이랴! 이만하면 위장일까 변장일까! 남편의 위신을 세워줘야 한다는 간절한 지어미의 충정으로 흐릿해진 눈썹까지 시커멓게 그린 마누라는 제 사내의 표정을 연신 살핀다. 꺼칠한 얼굴에 새가 둥지를 틀어도 될 듯 덩덕새 머리만 보아오던 남편에겐 도대체 적응이 실로 어려운 순간이다. 갑자기 찍어다 붙인 그녀의 마술이 도를 넘었으니 겸연쩍어 사내는 찡그린 얼굴을 자꾸 먼 산으로 돌린다.

밥 좀 고만 먹으라고 누누이 일렀건만, 식구들이 남긴 것까지 아깝다고 처먹어대더니 쯧쯧-. 산만한 배를 내밀고 터질 것 같은 코트는 벌어져 언제 단추가 총알이 되어 어떤 사람 이마빡을 때릴까 무섭다. 에잇- 이럴 줄 알았더라면 혼자 나설 것을! 아이들 문자로 쪽팔려 어디 돌아다니겠나! 이러니 젊고 이쁜 남의 여자가 눈에 들어올 수밖에. 한눈 팔던 제 비위를 덮느라 맘속에서 변명이 오락가락, 슬그머니 올라오는 부아를 꾸욱- 누른다. 친구들 보기 뭣해서 동반했더니 에휴~ 아는 사람 만날까 겁나 마누라와는 거리를 두려는데 마누라는 그새 섭섭과 약속을 다 잊고 낭만적인 기분에 잠기는지 자꾸 팔짱을 끼려 한다. 허긴 한가한 둘만의 외출이 언제였던가. 들뜰만도 하지! 부부싸움이라도 한 것 같은 얼굴로 약속장소에 들어서서는 반갑게 친구들과 악수하며 그제야 언제 그랬냐는 듯 뻣뻣한 얼굴에 풀기를 뺀다.

12월은 일 년을 결산하는 달이기도 하고 회개의 달이다. 반드시 만선 하여 돌아오리라! 1월은 오만한 기대와 허욕으로 잔뜩 부푼 돛폭을 세우고 출항하는 달이다. 그러나 작심은 한 달을 못가 바닥이 나고 7월의 방심, 8월의 안도, 9월의 기대, 시월의 회한, 11월의 초조를 거쳐 12월은 서명된 포기각서 휘날리는 체념의 달이라서 차라리 마음에 안정을 찾는다. 열심히 일하여 추수한 것이 많은 사람은 더 말할 것 없이 주위로부터 받는 감사와 찬사가 늘어지니 보는 사람도 흐뭇하다. 문제는 빈손 들고 빈들에 선 사람이다. 미국의 전원시인 〈로버트 프로스트〉는 "가지 않은 길 The road not taken" 에서 두 개의 길을 얘기하고 있지만 갈래가 보이지 않을 정도로 많은 것이 세상의 길이다. 하지만 늘 선택은 자유이고 이 자유가 함정이다. 나를 돌아보고, 차근차근 준비하고 한길로 가야 했던 것을. 방황과 허욕은 착각의 마차를 부를 뿐이다. 착각의 마차가 흔히 당도하는 곳은 오류동이다. 일 년은 평생의 상징이며, 하루하루의 은유를 묶은 것이 일 년이다. 엉킨 것들을 풀어야 하고 공연히 넘성대며 여기저기 집적거리던 흔적을 지우며 회한과 회개로써 추슬러야 한다. 방황과 허장성세로 보낸 한 해일망정 일 년의 마침표는 누룽지처럼 세월의 더께 때 너덕너덕한 제 마누라와 보내려고 하니 되었지, 그만하면 되었지 무엇을 더 바라! 늙어 대추처럼 쪼그라진 닭똥집 같은 입술에 연지를 바르고 그래도 등짝 펑퍼짐한 내 사내가 있어 든든한 얼굴을 들고 "세월이 가면… "을 열창하는 변장과 위장의 달인, 내 마누라가 있으니 뭘 더 바라!!▪

# 술과 춤

술과 춤

삼십 년 전 등단 초기 「술과 글」, 「음주 예찬」이라는 산문으로 아직은 가부장적 사회에 여자로서는 참으로 어이없는 글을 몇 편 발표 한 일이 있다. 그러나 지금도 필자의 글을 접하지 못한 분들은 술도 하시냐고 잔을 기울이는 나만 발견하면 수정체를 크게 하고 여전히 묻곤 한다. 술은 한 잔도 못 하게 생겼다는데 어떻게 생긴 여자라야 술을 잘 하게 생긴 건지 모르겠다. 남녀평등 세상이 왔다고는 하나 그렇게 내놓고 대단한 술꾼인 듯, 화제 삼을 만하지 않은 것을 안다. 하지만 이제 와 어쩌겠는가.

사회에서는 흔히 과묵한 남자보다 더 말수가 적다는 소리를 들으며 살아왔다. 차가운 성격이라고나 할까. 대체 술이라도 취할 수 있다면 얼마나 좋을까. 우물에 빠진 듯 내 성격에 내가 덜미를 저을 때도 있다. 술이란 이름을 빌려 협소한 마음을 넓히고 평소에는 느끼지 못하는 홍도 불러내고 취기가 돌면 서양의 박커스 아니면 디오니소스와 축배를 들 수도 있으면 좋으련만. 타고났다기보단 환경에 의

해 후천적으로 다져진 성격이라 더 찰지게 나를 열지 못하는 것 같다. 더구나 문단에 나오고부터는 당연히 더 많아진 것이 술자리다. 한 잔을 한 초저녁이나 빈 병이 늘어가는 심야가 되어도 나는 술을 축내거나 안주를 축내는 일밖에 별다른 변화가 없다. 그렇다면 하등 술을 마셔야 할 이유가 없잖은가. 두 시간 세 시간, 밤을 새워도 똑같은 자세로 그저 침묵만 지킬 뿐이다. 어쩌다 함께 하는 사람들에게는 시쳇말로 정말 재수 없는 인간 아니었을까. 그 기분은 어떤 것인지 어떤 경지인지 알고 싶었지만 많이 마셔 봐도 그 문은 좀처럼 열리지 않았다.

그러던 어느 날 문단의 노시인, 지금은 돌아가신 정공채 선생을 만나게 되었다. 어느 년 말 모임에서 수필을 낭독할 기회가 있었다. 「불혹지년」이었던 걸로 기억하는데 낭독이 끝나자 총원의 함성과 함께 그 저녁 가장 노장이었던 정공채 시인 곁으로 불려가면서 그분과 친분을 갖게 되었다. 이후 어느 날 문단의 선후배들과 그 정공채 선생을 모시고 오후 서너 시에 술판이 벌어졌는데 저녁 시간이 다가오자 모두들 저녁을 한다고 약속이 있다고 하나둘 자리를 뜨는 것이다. 나는 도저히 그분을 두고 떠날 수 없었다. 아이들도 다 자라지 않았던 터라 저녁시간에 외유란 상상도 못할 시절이었던 때다. 가슴이 바작바작 타기는 나도 마찬가지이지만 그분이 곤궁한 분이 아니었다면 나도 용기를 낼 수 있었으리라. 5공 시절 「미팔군의 차」라는 장시를 『현대문학』에 발표함으로써 문단의 실력자 정공채 선생은 대공분실에 불려 다니면서 인생이 급전직하로 떨어진 분이다.

'시' 라는 장르를 통해 미 제국주의를 통렬히 비판하고 우리나라의 명운을 짚으셨던 그분의 미팔군의 차는 당시 북한 정권이 잽싸게 노동신문에 미 제국주의 비판으로 인용, 활용했던 것이다. 당연히 미 첩보국을 통해 정공채 선생은 우리 청와대로 방첩대로 이첩되었다. 당시 MBC 피디 1기생이었던 시인은 파출되고 연대 정외과 출신이었음에도 불구하고 이후 어떤 곳에도 취직조차 할 수 없는 곤궁한 삶을 사시다 돌아가셨다. 초한지를 번역한 분이기도 했는데 그분의 박식은 문단이 알아주는 바요, 글 쓰는 작가들 중에 주먹이 세기로 우열을 다투는 지경이었다. 문단에서 둘째가라면 서러운 이 분의 주먹은 비열을 만나면 참지 못했다. 미투에도 걸렸던 어떤 비열한 노장은 번번이 이 분에게 주먹다짐을 피해 갈 수 없을 정도로 한 성격하는 분이었다.

그 분과 필자가 조우를 시작하던 시기는, 도저히 헤어나올 수 없는 현실을 술로 달래던 선생님이 이미 위 천공을 겪으신 후였다. 이 분이 변두리로 밀려난 분이 아니고 문단에 잘 나가는 시인이었다면 그 날 저녁 그 분을 두고 모조리 떠날 수 있었을까. 그때나 지금이나 그토록 약은 것이 세상 인심이다.

나보다 십오세 정도 연배가 높은 분이라 남성이란 기분이 들지 않는 선생님으로 긴장은 덜하고 함께 하던 사람들 모조리 떠나고 나자 선생님은 소주로 주류를 바꾸자는 것이다. 그날 처음 그린 소주라는 것을 맛을 보았는데 설탕물처럼 맛이 좋았다. 아니 소주라는 것이 그렇게 달콤한 술인 줄이야 어찌 알았을까.

문학, 예술은 말할 것도 없거니와 지리 역사 철학 거침없는 그분의 입담에 시간 가는 줄 몰랐으며 소주 각 일병이 다할 때쯤 처음으로 정신에 열기가 솟으며 조금씩 열락이 피어오르는 것을 느꼈다. 어둑어둑 일몰이 지난 귀갓길은 지면에서 발이 둥둥 뜨는 것 같았다. 물리적으로 몸이 흔들린다는 것이 아니라 어딘가에 붙들려 있던 정신의 출애굽을 경험한 것이다. 그날에 이르러 드디어 나는 그렇게 열망하던 취기를 오지게 접했다. 그 질기고 투박한 자기 통제의 갑옷을 벗고 진정 자유롭고 나다운 나로 태어난 것이다. 이후로 나는 좋은 안주와 소주를 만나면 그 날처럼 되고 싶다에 빠져든다. 주신과 접신接神이 되는 그 순간의 색채는 얼마나 감미로운가. 갇혀있던 물꼬가 트여 감성의 물길은 갈라졌던 마음의 논바닥을 적시며 작은 논둑을 타고 잘방대며 넘실댄다.

그 최초의 경험으로 나는 그 날 이후 재수 없는 인간에서 모두들 환호하는 인간으로 재탄생한 것이다. 쉴새 없이 유머가 난사되어 합석하는 자리마다 들썩이고 자지러지는 순간을 초래하던 친정아버지와 똑같은 모습을 구사하고 있는 것 아닌가. 더구나 타고난 음악성으로 노래까지 곁들이게 되더니 어느 순간 그 뻣뻣하던 몸치에서도 벗어나게 되었다. 술의 힘을 빌었지만 이는 사실 기적 같은 일이다.

비로소 정신의 자기 방출이 되자 육체도 자연스럽게 리듬을 타는 것 아닌가.

술과 춤! 다시금 생각하면 누구든 그 뻣뻣한 몸치 속에는 유치한 자기 기만의 뼈가 박혀있다. 춤은 인간의 가장 원초적인 몸짓이다. 몸치 속에는 가부장적인 인습의 뼈, 성리학적 염치와 체면의 뼈, 선비의식의 뼈, 교육과 학습의 뼈, 각자 개인이 만들어낸 정체불명의 뼈들이 곳곳에 박혀있다. 이 뼈들이 박힌 몸은 뻣뻣하여 곡선을 그을 수 없으며 리듬을 탈 수 없다. 온전한 자유 정신 속에서라야 자유로운 곡선이 태어난다. 원초에 자신을 열 수 있어야 흐르는 리듬에 자신을 맡길 수 있다.

지금 여기서 말하고자 하는 것은 일정 의도된 춤사위, 안무를 말하는 것이 아니다. 그저 어떤 음악에든지 자신을 내어주고 열어 보일 수 있는 몸짓을 말하는 것으로 이것은 온전한 탈아이며 사슬에 매었던 속박에서 벗어나는 정신의 무장해제이다.

술을 하다가 합창이나 제창은 어느 그룹이나 이제 자연스러워졌다. 그런데 춤은 아직도 어둡고 음침한 곳에서만이 존재한다. 춤추는 것은 속된 것이라는 집단 무의식에서 탈피해야 한다. 춤은 가장 인간다워지는 순간이며 자유로운 영혼이 자기 자신을 만나는 시간이며 사회와 혹은 자신의 억압에서 풀려나는 일이다.

지하에서 지상으로 밤에서 낮으로 이행되어야 한다. 기획된 행사에서가 아니라 언제건 어디서건 일정 그룹이나 지역민의 군무가 가능할 때 사회적 병리를 벗고 건전한 문화가 형성, 자리 잡을 수 있을 것이다. ▪

# 붉은 카펫

붉은 카펫

상류사회! 그것은 네모인가, 세모인가. 지위와 명예, 사회적 지명도, 이런 것에 자연히 따라붙는 것이 학벌과 지식의 정도이다. 여기에 더 깐깐한 사회라면 가문과 조상을 들먹이지 않을 수 없다. 더 나아가 현대인에게 상류란 개념은 필요한 것에 전혀 구애받지 않는 원활한 경제가 필수임은 두말할 나위가 없다.

더구나 자본주의 사회에서 현대인의 통념 속에 자리한 상류란 엄밀히 들여다보면 저급한 소비 지향성을 말하는지 모른다. 부정과 부패로 얼룩질망정 권력자들과 재벌들의 이야기는 보통 사람들에게는 그 내밀한 곳을 들여다보고 싶은 것 가운데 첫손 꼽히는 대목이요, 소주잔 기울이며 삼겹살 지글거리는 숯불 원탁에서 씹는 단골 안주이기도 하다.

어느 날 어떤 어른을 만나기 위해 의정부의 명소인 콘토르노에 앉아 있었다. 지리에 밝지 않으신지 조금 늦는다고 전갈이 온다. 차를 시켜놓고 들고 왔던 『20세기의 위대한 사진가』란 책을 보기로 했다. 삼십 분이 지나가고 있지만 만날 사람은 오지 않고 조금 지루해져 고개를 들었다. 바로 그때 5-6 미터 전방 카운터에서 계산을 하고 돌아서는 모녀가 있다. 중학생 정도로 보이는 여학생과 40대로 보이는 여인이다. 이모가 조카에게 저녁을 사고 돌아가는 중인가 했지만 그들이 내가 앉아 있는 거리와 가까워지면서 나누는 대화가 귀에 들려왔다.

"엄마! 더 있다 가면 안 돼?"

엄마의 얼굴이 잠시 다정하게 풀리는 것 같다고 느끼는 순간 딸에게 팔을 잡힌 엄마의 얼굴에는 수심이 가득 차오르는 것 아닌가! 단발 스타일의 직발은 불규칙하게 잘려 닿으면 찌를듯한 머리카락이 그녀를 더욱 각박하게 보이게 한다. 마른 듯한 몸매의 얼굴은 누렇고 태석한 안색이 영양이 좋아 보이지 않았다. 그녀가 입고 있는 바지정장은 빛이 바래고 지퍼가 달린 갈색 상의는 많이 낡은 것이었다. 그리고 때가 탄듯한 알록달록한 긴 코트형 스웨터를 입고 마냥 행복해 하는 소녀 역시 초라해 그 공간과는 너무도 이질감이 느껴졌다.

몇몇 테이블의 손님들과 내가 남아있는 온화한 실내에는 마침 영화 〈자이안트〉의 주제가에 이어 〈태양은 가득히〉의 OST가 흘러나오고 있었다. 세기의 핸섬가이 '알란 들론' 이 주연을 맡았던 명화! 상류를 꿈꾸다 인생의 바닥을 치는 내용이었던 영화다. 부자인 친구의 요트를 타고 단둘이 먼 바다로 유람을 나갔던 날, 친구를 살해하고 돌아오는 내용이다. 시신을 닻줄로 묶어 바다에 수장시키고 돌아와 죽은 이의 재산과 그 애인까지 차지하려고 치밀한 계획을 세우고 착수한다. 완전범죄를 꿈꾸며 죽은 이의 싸인까지 연습, 유언장까지 완벽하게 위조한다. 전 재산은 물론 애인까지 차지하려는 계획이 빈틈없이 진행되던 어느 날, 친구의 애인이자 이제는 자신의 애인이 된 여자 주인공이 죽은 전 애인의 요트를 팔기로 하면서 이야기는 절정을 향해 치닫는다. 해안에 정박 되어있는 요트를 크레인이 끌어올릴 때 닻줄에 묶인 시신이 물 밖으로 나와 끔찍한 모습을 드러내는 것 아닌가. 수면으로 떠오르던 퉁퉁 불은 시체의 손! 여자 주인공의 비명이 지중해 햇살을 산산조각 낼때 비치파라솔 밑에서 베리 베스트를 뇌까리던 반라의 알랑 들롱! 닻줄 하나 자르지 않아 완전범죄에서 무저갱으로 추락하는 순간이다. 금빛의 윤슬이 반짝이는 에메랄드빛 지중해 위로 노을이 물들면서 니노 로타 작곡의 주제음악 '태양은 가득히' 가 수면 위에 명멸한다. 인생의 극명한 대비, 환희로 가득했던 한낮의 지중해 위로 일몰이 다가오고 최고의 비애가 화면을 가득 채운다. 아름다운 남녀까지 소리와 색채의 향연이었던 이 명화처럼 무모한 욕망은 흔히 파멸을 불러오게 마련이다.

이런 무모한 성정을 이름하여 '리플리 증후군' 이라 하였던가! 1955년 미국의 작가 패트리셔 하이스미스의 『재능있는 리플리씨』 원작으로 르네 끌리망 감독은 1960년에 세기적 명화를 탄생시켰던 것이다.

〈태양은 가득히〉의 주인공처럼 거대한 욕망 따위야 특별한 사람들의 전유물이지만 소박한 꿈이야 누군들 꾸면 어떠랴! 고급레스토랑의 인테리어도 즐기고 푹신한 고급 양탄자를 밟으며 여왕의 품위를 흉내 내기도 하고, 흐르는 명반 속에 피폐한 일상에 윤활유를 치면 어떠랴! 짐승 가운데 개도 언제나 서열의 상승을 꿈꾼다는데 하물며 사람임에랴! 허름해 보인다고 고급 레스토랑에 오지 말라는 법이야 없다. 대부분의 끼니를 라면으로 때우고 특별한 날을 잡아 빡빡한 일상에 여유를 부려보는 것, 그것도 삶의 지혜다.

외양을 꾸미는데 우리는 얼마나 재력을 낭비하는가. 걸치는 의상, 지니고 다니는 보석이나 시계, 몇백만 원씩 한다는 명품 가방에서부터 신발까지. 이 치장이라는 이름의 사치들이 일반화되어 멀쩡한 모녀를 오히려 안쓰럽게 보고 있는 건 아닐까. 외양이 허름하다고 가계가 허름할 것이라는 상상, 나의 편견인지 모른다.

예전 아이들이 어렸을 때의 이야기다. 아이들 신발 주머니에서부터 학원 가방도 손수 만들어 주고 속옷도 양말도 기워 입히던 시절이 있었다. 생활비가 넉넉했지만 당연히 그렇게 살아야 하고 남들도 그렇게 사는 줄 알던 때이다. 우리나라에서 올림픽을 치르던 때이었으니 미국에서 들어온 소비가 미덕이라는 말이 공공연히 회자되던 시절이다. 유치원 가는 녀석에게 무릎 기운 바지를 입혀 보내고도 아이가 놀림을 당하리라고는 꿈에도 생각 못 한, 참으로 시대를 읽지 못하는 엄마였다.

우리 아들은 엄마가 기워 준 바지라며 평소에 그렇게 기쁘고 기꺼워했는데 말이다. 들여다보고 쓰다듬고 하던 바지를 입고 유치원을 다녀온 녀석의 태도가 너무도 이상했다. 말로는 표현이 제대로 되지 않는 녀석의 표정을 보며 그때야 사태를 파악했다. 단산이 시작되던 시절, 아이들이 하나나 둘이었을 때이니 빚을 지면서도 유명브랜드에 명품으로 아이들을 휘감아 키우던 때, 무릎 기운 바지를 입은 아이가 나타났으니 꼬마들에게 충격이었으리라. 더구나 선착순으로 밤을 새워 줄 서서 들어가던 조금은 유별난 유치원이었으니 더 말해 무엇하랴!

지금은 오히려 재사용 재활용이라는 단어가 일상화되었지만 1인당 경제소득 2만 불도 되지 않을 때 도시 서민층에게 상대적 박탈감이란 기제는 더욱 많은 소비를 부추기던 때이다. 흔해진 세컨하우스를 갖고 있으면서도 지금은 머리도 집에서 자르고 속옷도 기워 입고 남앞에 나서야 할 때나 체면치레로 남루를 가리는 정도로 행세하는 알부자들이 많아졌다. 근검절약이 몸에 배어 일상은 허세와 허영과 사치와는 거리가 멀게 살다가 가끔은 왕과 같은 대접을 받고 고급진 곳에서 서양 나라의 문화와 음식을 즐길 수도 있지.

그깟 호화 레스토랑 한번 들렀다고 상류 어쩌고 할 일은 아니지만 실내에 함께 있던 다른 손님들에게 시선을 빼앗길 만큼 그들은 남루했다. 그 모녀는 왜 아빠없이 여기를 들렀을까. 이 저녁을 즐긴 댓가를 내고 난 그녀는 쓸쓸한 지갑을 들고 한 달을 살아내야 하는 건 아닐까. 음악에 취해 있는 사이 모녀는 가고 없었다. 방금 눈앞에서 사라진 모녀가 왜 그렇게 뇌리에 오래 남는 것일까. 고급으로 꾸민 실내를 은은한 조명이 격을 높이고 있는 레스토랑 바닥의 붉은 카펫을 밟아보고 나서 모녀가 무거운 발걸음으로 문을 밀고 나간 곳에 찬 겨울이, 삭막한 세상이 기다리고 있는 것은 아닌지…….

# 波頭, 알레그로

波頭, 알레그로

굵은 연통煙筒을 물고 담배를 뻑뻑 피워대는 몇 집 안 되는 골초들이 사는 산골마을! 立春大吉, 한문 선생님이셨던 아랫마을 윤 선생님께 글을 받느라 마을이 두런거리더니 다시 급격히 내려간 수은주 영하 15도! 며칠 전과 별의 두께가 달라졌다고 느끼고 있었는데 누가 봄이 오는 길목에 정지 버튼을 눌렀나. 바람도 얼어붙은 아직은 동토의 땅! 인가를 향해 곧잘 출몰하던 고라니의 활강도 어느 숲속에 박제되었겠다. 주목 씨를 빼먹으며 빠글거리던 참새들도 어딜 갔나. 쇳물을 부은 듯 천지가 빳빳하게 직립하고 섰다. 산복도로에 뻔질나게 다니던 자동차들도 우렁이 같은 제 집에 들어앉아 지난해 얼마나 방정맞게 돌아쳤나 자숙하는지 고요와 적막이다.

지난 봄 내내 여름 지나 가을까지 벌통을 지키던 도사견 한 마리 양봉하는 이 떠나간 빈 밭을 지키며 묵언 수행 중이다. 밤사이 백지가 깔린 빈 밭을 내다보며 생각한다. 무엇을 자백하란 말인가. 아무리 해도 자신의 죄목이 생각나지 않는다. 오뉴월, 꽃잔등을 향해 날아드는 꿀벌들을 앞발로 몇마리 뭉게버린 것 말고는 없는데 해도 해도 너무 한다. 다른 개와 달리 털도 없는 살갗에 파고드는 날카로운 영하 15도의 면도날이라니.

다음 순간 제 밥그릇을 향해 살금 다가오는 길고양이 한 마리에 눈독을 들인다. 어둠을 닮은 송아지만한 개가 갑자기 한 장의 통유리를 컹- 물어뜯는다. 쩍- 그 소리의 파동을 타고 다시 쩍- 한 개의 균열, 두 번의 균열, 겨울 뇌간이 갈라지는 소리! 빙벽에 올라탔던 눈들이 깜짝 놀라 떨어진다. 개울가 풀씨를 찾던 참새들이 날아오르자 산 까치들도 길가에 드리운 상수리나무로 일제히 자리를 옮긴다. 숲이 우수수 흔들린다. 겨울 서정의 거대한 한국화 한 점에서 흰 눈이 점점이 털린다. 건너편, 다홍색 벽돌집 앞마당 키 작은 금편백에 봄 햇살이 부서진다. 파두波頭 파두波頭 알레그로다!

겨우내 해소를 앓던 아랫마을 구순이 탁발을 하듯 양지를 찾아온다. 천천히 아주 천천히 이 모노톤의 판지에 평생을 통해 가장 진지한 한 발 한 발로 점묘를 찍는다. 해의 씨를 구하러 산책에 나선 참이다. 땟뚝 땟뚝- 지팡이로 지구의 자전축을 미는 소리에 지하에 동면하던 미물들이 잠시 눈을 뜬다. 지렁이, 개구리, 다람쥐, 들쥐들, 눈을 잠시 떴다가는 시린 눈을 감으며 아직은 아니야! 선잠을 깨어 중얼거리자 굴을 파던 미물 하나 접근한다.

운 좋은 두더지 아침 식사하는 소리에 뒷집 수탉이 홰를 친다. 비로소 내 터에도 핏줄을 찔러 넣을 생각이 난다. 나는 뮤지컬 휘델리티에 전원을 누른다. 겨울이면 늘 듣는 홍수가 흐른다. 아- 이제야 조이던 숨통에 바람이 들고 승세가 내 공간을 점령한다. 모세혈관까지 관류하는 생명의 파동!

흘러내린 눈물은 백옥 같은 눈 위에
가슴 깊이 스며드는 외로운 회포인가
아아- 한이 없는 이 회포를~~

돌아선 겨울 나그네 옷자락에서 내 아버지의 말년이 얼비친다.

'당신은 겨울보다 더 빽신 기상! 준렬한 호통 그 자체였습니다. 저 위의 자전축을 미는 구순처럼 후줄근해지기 전에 떠나가신 내 아버지. 이런 계절이면 늘 슈베르트와 함께 찾아와 청포를 입은 그림자를 펄럭이며 내 그늘에 우울을 보태시곤 하시는군요. 당신의 각진 어깨가 더 시들기 전에 저 을씨년스러운 나그네와 함께 떠나십시오. 죽은 자들과 대화하기보다는 이승에선 산자와의 대화를 더 많이 해야 하니까요. 성급하긴 하지만, 겨울 옷자락과 함께 당신 떠나고 나야 보랏빛 쉬폰 스카프 목에 두른 봄 아가씨가 마을 어귀에 당도할 것 아닙니까. 그래야 저도 그에 힘입어 마을버스라도 타고 나가고 싶을 겁니다. 읍내도 돌아보고 5일 장이 서는 저잣거리에 나가 아직은 쌀쌀한 어느 어촌에서 올라온 물미역 다발을 뒤적이며 상큼한 해풍을 맞을 거 아닙니까. 아니면 움집에서 일찍 핀 히야신스며 노란 수선화 들고나와 좌판을 깐 꽃집 아가씨와 활짝 핀 웃음을 나누겠지요. 아버지, 오는 겨울을 기약하고 어서 떠나가세요.' ▪

# 우리들의 경조사

우리들의 경조사

예전에는 돌잔치도 많이 했었지. 다투어 제 청첩을 돌리던 시절을 지나 중년이 넘고부터 자녀들 출가 소식이 여기저기서 날아든다. 한참 살다 보면 결코 축하할 만한 소식은 아니지만 육순이네 고희네 초대장이 날아든다. 그리고는 부모님들 장례 소식이 빈발하면서 이제 완전히 고아가 된 사람들이 주변에 늘어만 간다.

그러나 우울한 소식만 기다리고 있는 것은 아니다. 손녀를 손자를 보았노라고 카톡을 들이대며 손주 사랑에 날새는 줄 모른다. 그런가 하면 서서히 친구 남편 부고 소식에 놀라기도 하고 가끔은 친구들 부고를 직접 접하며 인생 전체를 돌아보게도 된다. 도도한 역사의 큰 파도 작은 파도 사이사이에는 개인들의 고통과 슬픔과 축복의 시간이 넘실댄다. 그 숱한 경조사 사이를 비집고 미끄러지는 파노라마가 곧 우리의 삶이다.

우연히 채널을 돌리다가 부제, 〈멈춰진 시간, 101번째 29살!〉이라는 영화를 보게 되었다. 그리스 조각을 연상케 하는, 모델을 능가하는 몸매의 블레이크 라이블리가 주인공 아델라인으로 나온다. 이 영화의 원제는 그래서 〈The age of Adelline〉이다. 그간 세상과 멀리해서 개봉한 지 오래된 영화인가 했더니 2015년 우리나라 상륙, 개봉작이다.

결혼하고 딸 하나를 얻은 후 얼마 지나지 않아 엔지니어이던 남편을 사고로 잃은 아델라인은 어느 날 악천후 속에 자동차를 몰고 가다가 벼락을 맞고 강에 처박히는 사고를 맞는다. 번쩍- 하는 번개에 이어 벼락을 맞는 사이 5만 볼트에 감전된 직후 구조된 그녀는 디엔에이의 변화로 늙지 않는 세월 100년을 살게 된다. 탄생이라는 축복만큼 죽음이라는 이별이 그녀 앞에 수없이 다가오고 멀어져 간다. 여러 마리의 기르던 개들이 수명을 다해 그녀의 곁을 떠나는 것은 말할 것도 없고 친구와 일가 친인척들, 부모님들이 그녀의 곁을 모조리 떠나고 있다.

의상의 변천사를 한눈에 볼 수 있고 유행하던 헤어 디자인을 압축하여 구경할 수도 있다. 1900년대 초부터 2000년대를 관통하며 영화는 다채로운 문화를 선보이며 주인공은 세기의 산증인이 된다.

어머니 아버지 그리고 삼촌이 늙어서 내 옆을 떠나는 것은 자연스럽다. 주변에 같은 또래가 수명을 다하고 떠나는 것 또한 그럴 수 있다. 그런데 세월이 지나 그들의 2세들이 늙어 부고가 도착한다면 어떤 기분일까. 나는 여전히 스물아홉 살의 아름다운 나이인데 자신이 낳은 딸아이가 나이를 먹어 늙어가고 백발이 되는 모습을 지켜보는 일이란 지독한 고문이 아닐 수 없다. 그 후손들까지 가버린 세상을 홀로 걷는 일이란 적적을 넘어 공포일지 모른다. 이것이 이승에서 만나는 저승은 아닐까.

정상대로라면 50이 넘었을 나이에 어느 날 주인공은 결혼 적령기에 있는 한 남성과 사귀게 된다. 어느 날 그의 초대로 남자의 부모님 댁을 방문하는 날이었다. 그런데 그 연인의 아버지가 바로 옛날에 아델라인, 자신이 사귀었던 그 남성 아닌가. 반백이 된 노신사 앞에 자신이 청춘시절에 사귀었던 여전히 아릿다운 아가씨 아델라인이 나타난 것이다. 당혹을 넘어 경악에 가까울 정도로 놀라는 수십 년 전 남자친구와 그의 아들인 현재의 애인에게 할 수 없이 그간의 사정을 설명하고 돌아선다. 상관치 않겠다고 아들이 붙들지만 잠시라도 헛물 켠, 혹은 본의 아닌 자신의 속임수에 자괴감을 느끼며 두 남성을 뒤에 두고 집을 나온다. 나이보다 젊은 것은 즐거운 일이지만 혼자만 늙지 않는다면 그것은 죄악을 낳으며 분명 사회적 교란이다.

나이 먹어 부고가 자꾸 도착하는 것은 나와 동시대를 걷는 사람이 줄어든다는 이야기다. 조문을 가면 알던 이들이 하나둘 얼굴이 보이지 않는 것, 좋든 싫든 인연을 맺었던 사람들, 나를 알고 지내던 사람들이 모두 떠나고 있다는 이야기야말로 가장 자연스러운 현상이다.

수금지화목토천해명! 태양을 향해 돌고있는 별자리다. 그중에 목성이 명을 다해 사라졌다고 한다. 영원불멸일 것 같은 천체의 하나도 우리 생전에 유명을 달리했다니. 하늘을 연구하고 별자리를 올려다보는 것도 오염된 지구를 떠나 이 인류라는 지구촌 종족을 어떻게 하면 영존시킬 수 있을까에 대한 연구일 것이다. 부자들은 줄기세포로 부분별 장기는 물론 노후한 기관을 갈아 끼우며 영생할 궁리를 안티에이징 센타에서 현실화시키고 있다고 한다. 그러나 아델라인처럼 동시대인들 다 죽고 나서 공감과 교감을 나눌 수 있는 한 사람 없는 세상을 걸을 때 시시각각 다가오는 그 적막, 언제까지 계속될지 모르는 그 쓸쓸한 한기!

문상은 다음에 다시는 만나지 못할 나를 보여주러 가는 날이며 다시는 만날 수 없는 이를 마지막으로 보러 가는 날이기도 하다. 그래서 우리들의 경조사는 빼지말고 가볼 일이다. 봄여름가을겨울, 봄여름가을겨울! 어김없이 찾아오는 생성과 소멸의 기초단위다. 우리의 생이 유한하지 않다면 무엇이 아름다우랴! 소멸하지 않는다면 무엇이 그립고 무엇이 귀하랴! 마지막 장면에서 흰 머리카락 한 올을 발견한 아델라인의 미소가 영 지워지지 않는 까닭이다. ▪

# 솔베이지는 돌아오지 않았다

솔베이지는 돌아오지 않았다

마을 언덕 위에는 주일이면
아이들에게 단팥빵을 건네던
최후의 보루 같은 교회가 있었다
새벽종이 울리고 나면 똥지게를
물지게처럼 지고 다니던
가난한 시절의 아비가 죽은 똥밭에서 겨울을 난 시금치
새파랗게 웃는 길을 따라
바다레체프스카야 소녀가 기도를 읊으며
골목을 돌아다니곤 했지

한 집 걸러 두 집
자고 새면 사금파리처럼 꽂히는
삶의 애환들로 귀가 헐어
빈촌은 늘 아우성이지만

마마 자국처럼 매듭투성이 뜨개옷을 입고도
골목은 늘 철부지들로 활기를 채웠다

딸랑거리던 방울 소리 대신
언제부턴가
박도변의 엘리제를 위하여 피아노 소리가
귓속으로 꿀물처럼 흘러들어
아이들은 용케도 클라식에 입문했다
아무도 놀아주지 않는
똥장군의 아들과 친구이던 소녀에게도
공평하게 달빛은 내리고
그 겨울이 지나도록
빌려 간 콘사이스도 돌려받지 못하고 봄은 오고 또 오고
그 겨울은 가고
기다리던 오빠들은 소식이 없었다

물고문과 바리케이트 건너 뛰며
사과탄에 콜록이던 시대의 뒷골목에서
삼청대학 교육과에 들어간 숱한 어미의 자식들
잔등을 일으키던 햇살을 받고
신작로에는 또옥똑- 포도를 울리던 발자국소리
그 어미가 죽고
봄이 가고 여름이 가고 또 겨울이 와도
솔베이지를 부르던 소녀가 백발이 되어도

솔베이지는 끝내 돌아오지 않았다

*. 바다레체프스카야-클라식 소품 '소녀의 기도'의 작곡자
박도변 : 베토벤의 우리말 표기.

# 시대의 풍운아, 당신을 기억합니다

시대의 풍운아, 당신을 기억합니다

▲1944년 부모님의 결혼식 사진.

돌아가신 내 아버님을 회상하는 일은 너무도 착잡하다. 누군들 인생이 파란과 굴곡의 연속이 아니랴! 하지만 정계든 재계든 사회에 드러난 인물은 아니었으나 가히 시대의 풍운아임에 틀림 없다.

막내딸이었던 우리 집에서 떠나시고 채 넉달이 되지 않았을 때다. 관악산에 오르셨다가 허리가 찰칵 내려앉아 등산객 중에 어느 집 청년의 등에 업혀 하산하신 후 더는 일어나지 못하고 세상을 뜨셨다. 양방으로 한방으로 두루 수소문하며 오빠 내외가 수고를 다 하셨다. 그러나 골다공증이 시작되어 물러나는 뼈가 신경을 누르니 고통은 이만저만이 아니고 화장실을 기어서도 가실 수 없게 되자 아버지는 단호한 결단을 내리셨다. 단식 시작 후 약 석 달 만에 파란 많은 인생을 스스로 접으신 것이다.

필자가 90년대 중반 역사를 찾는 사람들 모임인 〈역찾사〉와 합류하게 되었을 때는 고 김진균 선생이 역찾사를 떠나시고 난 후였다. 그분들이 계셨으면 안동 김가 계보에 대해 더 설명이 수월하였으리라. 당시에는, 지금으로부터 몇 년 전 타계하신 충북대 유초하 교수, 그리고 대진대 동양철학의 권인호 교수가 계셨던 때다. 필자가 안동 김가라고 하자 이분들의 표정이 상당히 묘했던 기억이 난다. 조선조 조정을 쥐락펴락, 당파와 당쟁으로 조정뿐 아니라 나라를 어지럽히던 안동 김가! 세도가 하도 막중하여 안동 김가는 발톱의 때까지 양반이더라! 하던 문장이 세간에 회자되기도 했던 그 신 안동 김가이시다. 고려개국 삼태사의 한 분이신 신 안동김씨 시조 태사공으로 '선평'이라는 휘자諱字를 가지신 분의 28세 손이다. 대대로 불천지위가 네 분이나 된다는 종가의 종손이셨다. 그중에 13대 조는 선원仙源이신 분으로 휘자가 상용尙容이시다. "가노라 삼각산아 다시 보자 한강수야 고국산천을 떠나고자 하랴마는 시절이 하 수상하니 올동말동 하여라" 윗글은 우리 모두가 역사에서 배웠던 병자호란 당시 예조판서 청음 김상헌(金尙憲,1570~1652)의 시조 한 수이다. 청음은 위에 언급한 김상용 어른의 제씨로 병자호란 당시 두 분이 바로 척화파(주전파)의 거두이셨던 분들이시다. 두 어른은 청의 태종이 12만 대군을 끌고 와 우리나라를 겁박할 당시 남한산성에서 인조와 함께 47일을 대치할 때 끝까지 청과 싸우되 제 나라 임금이 중국, 더구나 오랑캐에게 굴복은 절대로 안 된다고 결사 항전을 주장하던 강직한 분들이다. 화친파(주화파)의 대표격인 최명길이 항복문서를 적진에 가지고 가려 하자 국서를 찢고 통곡했다는 김상헌은 당시 예조판서로 인조가 청에 굴복하고 나서 식음을 전폐하고 자살을 기도하기도 했던 인물이다. 이 두 분 뿐만 아니라 척화파에는 당시 삼학사(홍익한洪翼漢, 윤집尹集,오달제吳達濟)들이 계셨는데 청 태종은 삼학사를 잡아다 온갖 회유를 다하지만 끝내 이들의 마음을 돌릴 수 없었다. 태종은 이들을 참형한 후 삼 년 뒤 김상헌을 또한 위험 인물이라 하여 심양으로 끌고 가 4년간 옥살이를 시키는데 끌려가면서 지금의 북한산, 다시 말해 삼각산과 한강을 바라다보며 지으신 것이 위의 글이다.

또한 청음의 형님이신 상용, 선원 어른은 병자호란 당시 묘사주廟社主를 받들고 빈궁嬪宮과 원손元孫을 수행하여 강화도에 피난했다가 강화도가 함락되자 초문에 쌓아놓은 화약에 불을 지르고 자결하셨다. 1558년(영조 34) 영의정에 추증되었다. 1598년 성절사聖節使로서 명에 다녀온 뒤 도승지 · 대사헌 · 병조판서 · 예조판서 · 이조판서를 두루 지냈다. 1630년(인조 8) 기로사耆老社에 들어가고 1632년 우의정에 올랐으나 늙었음을 이유로 벼슬에서 물러났다는 것이 정사에 나오는 그분의 내력이다.

그런데 병자호란 당시 가문에 내려오는 사서에는 이런 사연도 있다. 김상용 어른의 슬하에는 당시 10세가량의 영특한 손자가 있었다고 한다. 원자와 궁중의 비빈을 모시고 강화도에 상륙하여 여장을 풀고 대충 안착을 돕는 조부의 소맷자락을 붙들고 절대 떠나지 않았다 하니 할아버지의 내심을 이미 눈치채고 그렇게 울면서 매달렸다고 한다. 곁을 절대 떠나지 않는 이 손자를 떼어놓기 위해 갖은 수를 다하셨으나 도저히 되지 않아 강화도 탄약고에 불을 지르고 몸을 던지실 때 그 손자도 함께 산화했다고 전해진다. 다음날 오리나 떨어진 밭에 그 손자의 신발 한 짝만을 수습할 수 있었다는 이야기가 전해 내려오고 있다. 그래서 그 손자의 위패도 모시게 되었다는 것이다. 택자 동자를 쓰셨던 필자의 돌아가신 아버지 이야기를 시작하면서 당대에 내세울 것이 없어 가문의 선조를 끌어내는 것이 아니라, 조선조의 정쟁과 당파와 외척의 득세로 조정과 나라를 어지럽히던 가문은 김상헌, 청음 어른의 집안으로 이들이 세간에 불리는 장동 김씨 계보이다. 상헌 상용 어른들은 문사철에 능했을 뿐만 아니라 당대에 그렇게 강직하고 우의가 깊었었다는데 어쩌다가 그 정신이 변질되어 역사를 아는 분들이 안동김씨라면 덜레머리를 젓는 지경에 이르렀는지. 하마터면 장동 김으로 오인되어 나는 "역찾사"의 일원이 될 수 없을 뻔했다는 이야기가 이렇게 길어졌다.

강직하기로 소문난 우리 아버지는 정신대 등살에 못이겨 결혼을 서두르던 우리 어머니와 신식 결혼을 하셨다. 하객과 같이 찍은 사진에 남성들은 모두 중처럼 머리들이 박박 깎여 있는데 그날의 신랑인 아버지만이 장발이다. 그리고 끝내 창씨 개명도 안하셨던 기개는 아마도 핏줄이 말하는 것이 아닌가 한다. 또 한 이 분은 말년도 멋지게 장식하셨다. 당시 일흔 여섯이셨다. 단식하여 돌아가신 제 부모의 최후를 갖고 멋지다는 표현이 맞는 것인지 모르지만 그토록 골다공증이 진행되도록 모르고 있었던 자손으로 천추의 한이 남는다. 이미 중풍이 와서 오른팔을 못 쓰셨던 어머니의 수발까지 들던 아버지로서는 더 이상 외아들 며느리에게 수고를 끼치고 싶지 않으셨을 것이다. 화장실을 기어서 갈 수 없으니 누구든 대소변을 받아내야 하는데 아들에게도 당신의 국부를 보이는 것을 끔찍해 하셨던 것으로, 작정하고 단식을 시작하셨던 것이다. 링거를 꽂아드리면 빼어버리며 항거하시다 딸들이 식사를 유도하기 위해 한우를 사다가 지글거리며 냄새를 피우면 원초에 넘어가 맥주 한 잔에 고기 몇 첨을 드심으로서 아버지의 단식 기간은 석 달 정도로 길어지신 것이다. 욕심 사나운 사람을 생리적으로 싫어하셨다. 자식이라도 용납 안 하시고 불의를 목격하면 그대로 지나치는 일이 없으셨다. 우리 아버지의 뜻을 받들려고 노력하며 산다. 대의와 공의를 먼저 앞세우셨던 우리 아버지,

▲부모님 결혼식 사진.

돌아가시자 안동 김가 문중에 별 하나 떨어졌다고 일가들이 말한다. 우리 남매들은 가끔 이구동성으로 말한다. 선대가 남기신 그 실천을 우리도 실천하자고! 구차한 최후, 혹시 남루한 나날만을 남겨놓게 될 때 연명하지 말고 우리 아버지처럼 단호한 결단으로 최후를 마치기로! ■

# 계절의 이중창

계절의 이중창

가을이 아니라 오늘은 카슬이라는 씨니피앙에 방점을 찍어본다. 바람의 맛이 칼칼하고 너무도 살갑지 아니한가. 그래서 가을이라는 어원을 들어가 보면 가슬이라는 발음이 있는 모양이다. 이중창을 열지 않았는데도 청랑한 가을 햇빛이 〈사랑의 이중창 〉을 부르며 나를 유혹한다.

벌써 이른 아침은 으스스해 핑계를 대고 도서관을 못 가고 있는지 보름은 넘었다. 다리를 핑계 대지만 요즘 아침 기온은 사람을 주눅 들게 하기에 충분하다. 햇살이 펴진 시각이니 이 정도 껴입으면 안 춥겠지! 조끼만을 걸치고 나가는데 기온은 적당하고 맑은 햇살이 건너편 무성한 잡초에도 어김없이 내려서 노란 빛깔과 구리빛 벌판이 가을의 전성을 만끽하고 있다. 좋은 일기는 마음의 짐도 덜어준다는 것을 실감하는 요즘이다.

물동에 떨어진 가을 잎 보고

물 긷는 아가씨 고개 숙이지!

벌써 50년 전일지, 옛날에 오빠가 중학교를 들어가더니 배워 온 가곡이다. 그 곡을 읊조리며 운동기구가 있는 고가 밑으로 간다. 나는 막내여서 서당개였다. 맏이인 언니가 이렇게 저렇게 배워오는 가곡들까지 어려서부터 모두 내 애창곡 목록을 차지하게 되었다. 라디오에서 들려오는 흘러간 유행가 가락, 길을 지나다 전파사에서 들려오는 모든 노래는 모두 내 애창곡 목록에 들어갔다. 가히 수백 곡에 달했을 것이다. 〈산타루치아〉, 〈먼 산타루치아〉, 〈내 친구에게 내 말 전해주〉 등 이태리 가곡을 모두 꿰게 된 이유가 여기에 있다. 노래를 배워 온 날 언니는 바로 아래 동생, 내게는 오빠에게 늘 가르쳐 주었는데 우리 언니는 음치였다. 그런데도 어떻게 노래를 똑바로 배웠을까, 지금 생각해도 이해가 잘 가지 않는다. 귀머거리가 아닌 내가 어찌 배우지 못했으리요.

시각은 11시, 건너편 선단초교 운동장에서 아이들이 운동하고 뛰어노는 소리들이 사금파리 파편처럼 튀어 오른다. 열 가지가 넘는 운동기구가 오로지 나를 기다리고 있다. 물론 같은 종목이 2개인 것도 있지만 다른 곳보다 확실히 기구의 종목이 다양하다. 집에서 나와 3-4 분 거리에 있으니 이건 분명 내 운동시설임에 틀림 없다. 사람들을 만나는 일이란 드물고 매일 이것을 누리는 사람은 오로지 나뿐인가 하노라! 누구든 오다가다 이용하는 사람에게 난 아무 거리낌 없이 이 운동시설을 빌려주고 있으니 내 전용시설이 아니고 누구 것이랴! 아무도 없어 흥얼거리던 노래를 이제 본격적으로 뽑는다 .

풀물에 베인 치마 끌고 오는 소리
꽃향기 헤치고 님이 오시는가
내 맘은 외로워 끝없이 헤매고
새벽이 오려는 지 안개만 차오네

아름다운 저 바다와 그리운 그 빛난 햇빛
내 맘속에 잠시라도 떠날 때가 없도다
아름다운 꽃 만발한 아름다운 동산에서
내게 준 귀한 언약 어이하여 잊으리

---

돌아오라 이곳을 잊지 말고
돌아오라 쏘렌토로 돌아오라!

에고- 하나님 감사합니다를 연발하며 나는 기구를 탄다. 춥지도 덥지도 않은 계절! 그렇게 끈끈하고 들러붙더니 어느새 공기는 가실가실 삽상하고 지구촌 어느 곳이 한반도의 가을만큼 좋으랴! 우리의 가을을 맛본 외국인들은 그래서 눌러살기를 결정한다는데 늘 이곳에서만 사는 우리는 덤덤하기 일쑤지만 말이다.

허리 돌리기, 옆으로 파도타기, 마라톤이라고 이름 붙은 운동기구도 열심히 구르면서 노래도 열심히 부른다. 노래라도 부르지 않으면 꼭 필요한 게 운동인 것을 알면서도 참 따분하기 그지없다. 그래서 언젠가부터 발성도 연습할 겸 노래를 부르기로 했다. 1절 2절 3

절 어떤 것은 4절까지 가사를 기억해 내야 하니 기억력을 높이는 데도 한몫을 하리라! 이 시설 가까이에 다른 음악이 들리지 않아 얼마나 다행인가. 스트레스로 작용할 음악이 들린다면 참으로 힘든 시간일 수도 있는데 나는 가슴에 떠오르는 대로 내 소싯적 레퍼토리를 하나하나 꺼내어 열창한다.

이태리 민요 〈돌아오라 쏘렌토로〉 슈베르트의 〈홍수〉와 〈숭어〉를 부르는데 까치가 어디선지 사정없이 깍깍댄다. 대체 어디지? 하고 주변을 둘러보자 길 건너 풀숲에 있는 작은 나뭇가지에 한 마리가 앉아 계속 깍깍 댄다. 혹시 내 노래에 화답을 하고 있는 건 아닐까?

짜식- 친구는 어쩌구 혼자야? 어쩌자고…… 뭐가 외로워. 신간 편하지. 너희들은 꼭 짝을 지어 다니던데 짝을 잃었냐, 혹은 돌싱이냐.

중얼대다가 할 수 없이 까치에게 답을 하기로 했다. 까치가 깍깍하면 바로 이어서 내가 깍깍- 하고 답을 한다. 뭐 사랑의 이중창일 것은 없어도 그 까이거 뭐- 계절의 이중창이다!▪

# 빈 들
빈 들

가을 소풍을 끝내고 뜻 하지도 않았던 볼링게임으로 머릿속에 잔류하고 있던 생활의 때를 말끔히 씻고 돌아오는 길이었다. 아직 단풍은 들지 않았으나 광릉에 위치한 수목원을 거닐며 청정산소로 몸과 맘을 회복시키고 좋은 사람들과 함께한 점심은 더욱 입맛을 돋우었다. 그리고는 젊은이들의 성화로 볼링장으로 향했다. 입구를 들어서는 중인데 벌써 핀들이 쓰러지는 상쾌한 소리, 멤버들이 울리는 함성, 등살을 타고 흥분이 몰려오는데 실로 수십 년 만이다.

한 게임 밖에 참가하지 않았지만 미련은 남지 않았다. 1월 중순이면 내게 늘 찾아오는 해빙의 아침 정도는 아니지만 겨울 뇌간이 쩡-하고 갈라지는, 상쾌와 상큼 사이를 노니는 기분을 만끽하며 내가 사는 마을로 들어섰다. 그런데 우리 집 바로 옆밭 영감님을 또 왜나무 다리에서 맞닥뜨렸다.

"안녕하세요? 일하러 나오셨어요?"

"세상에 고추보다 더 좋은 게 고춧잎인데 아무도 따가지를 않아요. 옛날에 우리 어머니가 볶아주시던 고추잎나물 정말 맛있었는데…… 고추잎 좀 안 따가고 뭐 하세요."

여름내 그을은 그의 얼굴이 상당히 쓸쓸해 보였다. 그러니 낸들 어쩌라고? 수목원을 얼마나 많이 걸었는데… 그리고 그 전날은 또 어땠었지? 그제도 딱 맞닥뜨렸더니

"아니 고추를 왜 안 따가세요? 고추 따가시라고 뽑지않고 기다리고 있는 거에요."

나는 죄지은 사람처럼 '그렇군요. 네네 알겠습니다.'를 되뇌이며 그래서 어제는 온종일 고추를 따지 않았던가. 고추를 따다 놓으면 다인가 말이다. 큰 거 작은 거 고르고 분류하고 벌레 먹은 거 골라서 버리고 꼭지를 가위질해서 절임을 하고 지지고 볶느라 밤늦도록까지 얼마나 힘들었는데… 게다가 오늘은 수십 년 만에 볼링까지 한 게임 했지. 내가 뭐 무쇠입니까?

그런 말들을 안으로 씹었지만 나는 그의 표정을 무시할 수 없었다. 소풍 가는 것도 실은 무리였는데 나는 날이 곧 저물 것 같아 쉬지도 못하고 고춧잎을 훑기 위해 다시 그 영감의 밭으로 갈 수밖에 없었다. 영감님은 가고 없었다.

그래 이렇게 실하고 좋은 먹거리를 그대로 버린다면 말이 안 되지. 병이 들지 않고 크고 시커먼 잎사귀들을 골라가며 고춧잎을 훑었다. 내 손에 잡힌 잎사귀들도 좋아하는 것 같았다. 봄부터 여름 내내 초가을까지 그 풋풋하고 싱싱한 열매를 정작 만든 것은 이 잎사귀들 아닌가. 수천억만 개의 햇살이라는 화살을 비와 바람으로 버무려

그 신기의 열매를 맺히게 했던 게 누군데… 라고, 푸르고 빨갛게 익은 탐스런 열매만 따 가고 고추밭에는 외면당한 고춧잎이 속절없이 갈 때를 기다리고 있었다.

'가야 할 때를 알고 떠나가는 사람의 뒷모습은 얼마나 아름다운가'

이형기 시인의 지금은 가야할 때, 라는 시를 생각하며 점점 비어가는 너른 밭을 바라본다.

빈 밭에 버려진 고춧잎처럼 한 해 농사를 애써 지은 농부의 가슴이 지금 써늘해질 때다. 안식구가 없는 분인지 고추를 딸 때도 고구마를 캘 때도 모두 남의 식구들만 떠드네 하는 것 같던데…… 비지땀을 흘려가며 열심히 지었던 농사를, 그 실하고 탐스런 열매를 내 식구가 내 가족이 감사는 없다 하더라도 흔쾌하고 오지게 먹어주기라도 하면 얼마나 좋을까.

그래, 한 해 농사를 거저로 얻어먹었으니 그의 써늘한 가슴을 이렇게라도 위로하는 것으로 이웃된 보답을 하는 수밖에.

품안에 자식이라고, 내 품에서 유전하던 아이들이 하나둘 떠나고 나면 우리 모두는 빈 둥우리다. 잘난 자식일수록 더 멀리 외국으로 더 바쁘게 돌아쳐 말로만 핏줄이지 정작 연간 몇 번을 보고 사는가. 땡볕을 이겨가며 힘들여 농사를 지어놔도 거들떠보는 식구 없으니 그 허탈을 어디에 비교하랴! 빈 둥우리들은 허공을 떠도는 그저 자식들의 유명세에 위안을 삼으며 그것도 가끔 기계음을 타고 들려오는 소리에 겨우 허전을 견딘다.

우리 모두는 빈들을 껴안고 사는, 그래서 껍데기라는 상징어가 생겨나지 않을 수 없다. 너도 빈들이며, 나도 빈들이고 노년은 모조리 빈들에 서 갈 때를 기다리는 갈대들이다. 그래서 노년엔 경전을 가까이하고 자연스럽게 그 허허로운 공간을 하늘의 음성으로 채우는지 모른다.

어스름할 때까지 고춧잎을 훑었더니 조금 큰 비닐봉지로 가득하다. 이웃을 잘 만나 올겨울은 먹거리가 풍성하겠다. 옛날 어머니가 기름에 볶아주시던 고춧잎나물, 간장에 절임을 해서 먹었던 엄청 짜던 고춧잎장아찌를 생각하며 돌아와 나도 해본다. 하늘에 감사하고 땅에 감사하고 햇살과 바람과 비에 감사하고 농부에게 감사한다. 또한 이런 모든 것들을 무리없이 할 수 있도록 건강을 주신 신께 감사를 올리며……. ▪

# 평가절하와 절상의 간극

평가절하와 절상의 간극

60년대, 나보다 열 살 정도 많았던 언니가 대입시를 앞두고의 일이다. 서울 명문고를 다녔던 언니는 프라이드가 하늘을 찔렀다. 어린 꼬마인 나도 집안 분위기가 은연 중 스며들어 서울대 아닌 곳은 학교도 아닌 줄 알고 자라는 중이었다. 인간에게도 우생학을 적용해

▲건강한 좌판

야 한다는 무시무시한 발설을 마구 하던 날들이었으니 지금도 간담이 서늘하다. 나중에 들은 얘기지만 당시 일억환 정도의 예치금을 갖고 계시던 아버지는 아이디어가 속출하는 분이었다. 지금 환산하면 대체 얼마나 되는 돈일까. 가히 50억은 넘는 액수라던데 잘은 모르겠다. 자본금이 넉넉하다는 생각에 사업을 시작하셨으나 공직에만 계시던 분이라 손을 대는 것마다 실패의 연속이었다. 세계정세에 대한 분석도 타의 추종을 불허하는 분이었으니 그의 머리에 뭔가 번뜩이고 나면 사업을 벌이곤 하셨다. 앞서가는 아이디어였으나 이것이 회자 되고 경제로 환원되는 데는 일정 시간이라는 것이 필요한 것이 아니었을까! 지금과 같은 광속의 시대에도 시의적절이라는 말이 있다. 속공이 날아올 때 안타를 쳐야 하는데 아버지의 뱃트는 늘 먼저 나갔던 것이다. 그리하여 마지막 사업으로 마카로니 기계를 이태리에서 직수입해 공장 가동이 내일로 다가왔다. 실패만을 구경하고 자라던 나는 아버지보다 더 불안한 나날 속에서 불안 심리 기제로 뭉쳐진 인간으로 자랐다. 거리를 지나다 신장개업이라고 써 붙인 가게나 상점, 영업장을 만나면 나는 지금도 불안이 치민다. 생판 모르는 남의 사업장이라도 실패하면 어쩌나 잠이 안오는 지경이라 주로 이런 집들을 애용한다.

다음 날 오후에 들어오신 아버지의 안색은 거의 시체와 다름없었다. 공장 한쪽이 뜯겨져 나가고 공장장으로 지목했던 사람은 소식이 끊기고 가동을 기다리고 있던 마카로니 기계가 감쪽같이 사라졌다는 것이다. 마지막 모든 자금, 그리고 빚도 얻어 수입했던 것으로 알고 있는데 빚만 떠안은 채 우리는 거리로 나앉을 지경에 이르렀다. 처음 시작한 사업은 어떤 것이었을까. 나중에 언니에게 들은 얘기로는 처음 사업을 시작하셨을 때는 날마다 현금을 사과궤짝으로 들여오시던 날도 있었지만 아버지는 늘 사기와 권모술수에 넘어가는 분이었다. 인간이 인간에게 거짓을 말한다거나 사기를 칠 수도 있다는 것 자체가 아예 사전에 없었던 분이다. 일제강점기 때 모두 빼앗기고 한국동란으로 발가벗긴 국민은 염치도 체면도 없이 살아남기 위해 눈이 샛빨갛던 시기다. 등치며 배 만지고, 눈 감으면 코도 베간다는 문장이 세간에 쇄도하던 시기다. 믿는 도끼에 발등 찍히고 설마가 사람 잡고 등잔 밑이 어둡던 시절, 어느 날이었다.

사장실에서 들으니 사무실이 시끄럽더라는 것이다. 무슨 일인가 나가보시니 웬 건장한 헌병 하나가 직원 한 명을 붙들고 총을 겨누고 있었다. 자초지종을 들어보자 멱살 잡힌 놈이 한 고향 친구인데 전쟁에 참전했다가 돌아와 보니 친구놈이 자신의 아내를 겁탈했더라는 것이다. 몇년이고 전국을 뒤져 수소문 끝에 놈을 잡아 방아쇠를 당기려는 찰라였던 것이다. 아버지는 역시 기지를 발휘하셔서 이왕 지나간 일 살인자라는 오명으로 살아가기보다 내가 보상을 할 것이니 우리 직원을 살려달라! 천만환이면 되겠느냐! 억만금인들 분이 풀릴까마는 어쩌겠는가라고 그를 달래어 결국은 2,500만환으로 낙착이 되어 헌병은 그를 놔주고 떠나갔다.

그런데 2,500만 환으로 살아난 그 자는 그 후 얼마 지나지도 않아 회삿돈을 모조리 가로채 도주해 버렸다는 것이다. 몇 년 후 빈털터리가 된 아버지가 시내를 지나다 우연히 그 사람과 맞닥뜨리는 순간이 찾아왔다. 아버지를 알아보고는 인사도 없이 줄행랑을 쳤다고 한다. 그 후 그는 현대사에 획을 그을만한 재벌로 컸다는데 우리 아버지는 그 자가 세간에 회자 될 때마다 주무시다가도 벌떡벌떡 일어나셨다.

평가 절상은 쉽지만 대개의 경우 평가절하는 쉽지 않다. 평가절하를 절대 하지 못하시던 아버지로 인해 그때부터 극심한 가난이 시작되었다. 소문을 들은 예전의 지인들로부터 스카웃 제의가 들어왔지만 아버지는 끝내 응하지 않으셨다. 아버지가 사업으로 갈팡질팡하시는 동안 친구들과 지인들은 높은 직급에 올라가 있었던 것이다. 목구멍이 포도청이다. 돈이 없으면 아이들을 공장에나 보낼 일이지 무슨 영광스럽게 교육이고 학교냐!' 가세가 번창할 때는 우리 집에 와 기거하고 조석을 해결하던 일가들로부터 갖은 수모를 당하던 날들이다. 떨어진 가죽신을 신고 아버지는 백방으로 일거리를 찾아 헤매었으나 산업화 이전이라서 그에게 맞는 일터는 좀처럼 나타나지 않았다. 어느 날 밤, 등록금을 도저히 구하지 못한 언니와 아버지, 부녀가 부둥켜안고 우는 것을 보았다.

어제는 지하철역 근처 개울가를 지나는데 길게 늘어놓은 좌판이 보인다. 갈잎으로 엮은 동그란 둥우리에는 약재들이 들어있다. 당귀, 녹각, 헛개나무, 구기자, 오미자 등! 길가에 늘어서 있는 열 개도 넘는 장사진을 보며 걷는데 한 둥우리에는 말린 국화가 수북하게 들어있다.

"이거 차 끓여 먹는 그 소국이에요?"

40대 후반으로 보이는 비쩍 마른 기다란 얼굴이 모자 속에서 웃으면서 고개를 끄덕인다.

"저녁때도 여기 계시죠? 이따 돌아오다가 들를게요."

언덕을 올라오자 지나다니는 행인들도 부쩍 줄어든 코로나 시대에 그는 다리 난간에도 옷들을 걸고 우울한 세기를 건너고 있었다. 그에게는 몇 남매나 되는 아이들이 자라고 있을까. 다리를 건너는데 울컥울컥 가슴에 뜨거운 것이 넘어가 간신히 참고 지하철을 탄다. 그 옛날 도저히 평가절하 못하여 많지도 않은 가족을 판판히 굶기던 아버지가 생각났다. 교전비를 둘이나 대동하고 시집을 오셨다던 우리 집 조모는 그 와중에도 참기름 바른 굴비가 없으면 조석을 건너뛰던 날들이다. 이 황량한 겨울에 제 가게도 없어 남루한 좌판을 벌이고 소국을 팔고 있는 저 건강한 아비를 둔 아이들은 내가 자라던 날들, 우리 남매들보다는 희망을 말하며 살고 있겠지!

주마등처럼 지나가는 이런저런 일들을 떠올리며 동지들이 피켓팅하고 있는 조선일보 앞 원표 공원으로 간다. 조중동 폐간을 외치고 나서 오랜만에 친구를 만나 화려한 롯데 본점 앞에서 사진을 박는다. 수천수만 개 꼬마전구들이 가로수니 정원수에 몸을 휘감고 사라져 가는 경자년에 안녕을 고하고 있었다. 우울을 덜어서 좋기는 하나 도심 곳곳이 불야성이니 전기를 이렇게 낭비해도 되나. 발전할 기름도 없다는 우리 북녘은 이 겨울을 어떻게 나고 있을까. 사치스럽다 못해 요사스러운 서울 거리와 건강한 아비가 벌인 좌판이 극명한 대비를 이루며 뇌리를 스친다. 부지런히 귀가해야지. 말린 국화 한 주먹 팔려고 그 쓸쓸한 좌판이 나를 기다리고 있을지 몰라. 못 다 팔은 그 묵직한 근심을 한 근이라도 덜어줘야지. 올겨울은 누구든 우리 집에 오시면 따끈한 국화차 한 잔 대접해야지!! ■

# 사라진 노동자들, 다시 작업대에서 망치질하게 하라!

사라진 노동자들, 다시 작업대에서 망치질하게 하라!

아카데미상 7개 부문에 노미네이트 되었으나 수상은 하지 못한 영화 〈쇼생크탈출 Shawshank redemption!〉은 호러와 스릴러의 대가 스티븐 킹의 중편소설이 원작이다. 팀 로빈스가 주역으로 분한, 쇼생크는 미국 메인주에 위치한 혹독한 감옥이다. 주인공 엔디 듀플레인은 뱅커로 승승장구하던 어느 날 아내와 그녀의 정부를 살해했다는 누명을 쓰고 쇼생크에 갇힌다. 그가 무기수로 수감 되어있는 독방 한쪽 벽면에 계절을 따라 번갈아 장식되던 미국 명배우들의 사진, 리타 헤이워드, 마를린 몬로, 라켈 웰치 위로 장장 19년이라는 세월이 흐르는 동안 주인공은 감옥이라는 철벽에 망치질을 하여 권력과 금력이 만들어낸 지독한 어둠의 벽을 깨고 쏟아지는 태양 앞에 선다.

두려움은 너를 죄수로 가두고 희망은 너를 자유케 하리라! (Fare can hold you prisoner. Hope can set you free.) 쇼생크 탈출에서 나오는 위의 명대사처럼 절대 희망을 버리지 않고 있는 두 사람이 있으니 삼성이라는 거대 자본의 작업대에서 사라진 이재용과 김용희다.

82년 삼성항공에 입사한 김용희에게 주어졌던 1991년의 1차 해고는 노동조합 설치를 주도했다는 이유에서였다. 이후 그가 겪은 인생사는 글로벌 기업, 악덕 경영주, 유사 이래 가장 고도의 금산 분리기업 삼성의 혹독한 횡포로 얼룩져 있다. 본인이 당한 감금과 회유 납치 각목 폭행 고문은 말할 것도 없고 삼성측의 설득과 겁박에 못이긴 부친은 유서를 남긴 채 가출하여 생사를 모른다. 아내가 당한 성폭행, 복직이라는 이름의 국외 추방 등 사실 그의 가족과 가정은 해체되었다고 해도 과언이 아니다.

지난 6월 10일부터 고공에서 시작된 그의 단식은 이번이 세 번째로 55일을 넘기며 주위의 만류에도 불구하고 농성을 지속하고 있다. 단식은 중단했으나 이재용 씨와 공조농성은 계속 중이다. 그러나 번쩍이는 도시는 말이 없고 삼성의 육중한 문도 굳게 침묵하고 있다.

고공 쇠바구니에 들어간 김용희 동지에게 물과 최소한의 음식을 조달하며 불의와 싸우고 있는 또 한 사람의 노동자가 있으니 삼성의 최고 경영자와 동명인 이재용 님이다. 자신들의 초지에 한 치의 굴함없이 지상에서 여론 형성에 애를 쓰고 있는 분이다. 역시 삼성중공업에서 일하다가 조합 설립을 주도했다는 이유로 필설이 어려운 고통 속에서 지금까지 이십여 년을 버티고 있다. 위 두 분, 동갑내기는 금품이면 다 되는 줄 아는 저질 기업 삼성으로부터 억단위의 협상금을 제안받았으나 응하지 않은 자존감 높은 옹골찬 인사다. 삼성은 각성해야 할 것이다. 수단과 방법을 가리지 않는 이윤의 갈퀴질, 노동자의 고혈을 짜서 배당을 늘리는 파렴치한 기업 운영! 이들이 삼성과 같이 일신의 이익과 영달이 목표였다면 지금까지 버티지도 못했을 것이다. 재화를 들이대는 삼성과 타협 한다는 것은 또 하나의 불의를 자처하는 것이며 삼성과의 공범을 전제하는 것 아닌가.

이들이 요구하는 것은 이유 없이 삼성이 감행한 해고자 복직이며, 인간적인 명예회복과 약 25년이 되는 세월 동안의 손해배상이다. 특히 이재용 님은 조작된 간첩누명을 쓰고 남산 대공분실에 10여 차례나 끌려가 곤욕을 당한 장본인이다. 회유, 납치, 감금, 폭행 그리고 가족 협박, 음모와 조작, 간첩누명이라는 삼성의 주 매뉴얼에 있는 모든 수법은 이재용의 가정과 인생을 넘나들며 개인을 철저히 유린 해왔던 것이다. 그런데 지금 글로벌 삼성은 각국의 제조 현장에서 여전히 열악한 노동조건 아래 노동자들의 임금 착취로 불의하고 불법적인 재화를 긁어 들이고 있다는 것이니 국내외를 막론하고 앞으로 삼성이 글로벌 기업이듯 글로벌 한 삼성 노조의 설치를 위해 제3 제4의 이재용이 출현하지 않는다는 보장이 없다.

그런데 이쯤에서 우리는 21세기가 안고 있는 더 큰 담론을 정리하고 가야 한다. 이미 일정 그룹이나 개인은 접하고 감지하고 있겠으나 첨단과학이라는 전장터에서 후방에 속하는 우리는 제4차 산업이라는 본체를 들여다볼 필요가 있다. 제4차 산업의 본체가 인공지능(AI)임을 인지할 때 20세기가 경보에 속했다면 21세기 과학은 빛과 같은 속도로 우리 모두를 추월할 것이다. 이제 작업대에서 노동자는 보이지 않을 것이다. 거대 자본의 궁극적인 목표와 희망은 말 많은 사람을 고용하지 않고 올 씨스템을 인공지능으로 대체함으로써 고도의 경제집약에 환호를 지를 것이다. 이는 어떤 불평과 불협화음 없이 재화를 긁어 들일 수 있다는 결론에 도달하고 있다. 다시 말해 작업 현장에서 원천적인 노조 운운, 고용을 삭제하겠다는 꿈을 야무지게 꾸고있는 것이다. 처음에 인공지능을 보급하는 천문학적인 자본은 들겠으나 지속적으로 임금이 들지 않는 산업 현장, 노동자, 그들이 이룩하는 업적은 보이지 않고 노동자에게 지급되는 임금만 아까운 악한 자본의 주체들은 얼마나 꿀 같은 시대인가.

그러나 인공지능으로, 노다지를 만난 듯 광산에서 금과 다야몬드를 캐듯 축배를 들었겠으나 이들이 한 치 앞을 볼 수 없는 게 있으니 소비이다. 거대 자본들이 만들어내는 혹은 유통하는 물류는 과연 누가 소비하는가. 공장의 작업대에서 노동자를 다 몰아낸 후 일자리가 증발하여 재화가 전무한 노동자들은 과연 무슨 돈으로 거대 자본이 각처에서 만들어낸 물건을 사서 쓸 것인가. 인공지능이 일몰이 가까울 때 퇴근을 하며 맥주를 마실 것인가. 토깽이 같은 아이들을 머리에 그리며 통닭을 사 들고 인공지능이 스위트 홈을 향해 자동차를 몰 것인가. 정치권은 기존의 작업대를 잃어버린 노동자들을 흡수할 다른 일자리를 만들려고 연구하겠으나 대체로 산업 현장은 총체적으로 인공지능이 담당할테니 어쩔 수 없이 첨단과학과 악한 자본이 만나는 곳에 자본주의의 블랙홀이 생성된다는 것을 유념해야 할 것이다.

악한 자본이 댓가없이 무상으로 물품을 공급하리라는 어리석은 상상을 하는 사람은 이 세상에 단 하나도 없을 것이다. 그러니 노동자이며 동시에 소비자인 그들이 일자리가 있으며, 정당한 노동의 댓가를 받으며, 그들의 영양이 양호한 상태이어야 현장에서 건강한 노동을 하고 또한 건강한 소비를 할 것 아닌가. 그 판매로 벌어들인 재화는 재투자로 이어지는 것, 이렇게 가는 것이 선순환이요 선순환 속에서 선한 사회는 존재할 것이다.

위와 같이 한발 더 나아간 시대를 조망했으나 지금 불굴의 노동자, 이재용이 불의한 거대 자본을 향해 두드리는 망치는 바로 도래할 제4차 산업 시대에도 동일한 개념으로 경종을 울리는 것이니 삼성은 물론 그와 유사한 글로벌 기업은 경청해야 한다.

일자리를 잃어버린 노동자가 길거리에 굶어 쓰러지는 곳에서 막걸리가 팔릴 것인가. 노래방이 성업할 것인가. 휴대폰이, 컴퓨터가, 운동화가, 자동차가, 팔릴 것인가. 노동자들의 일자리를 인공지능으로 모조리 빼앗을 꿈을 꾸는 악덕 자본들이여 들으라! 노동자가 없어지면 소비자도 없어진다는 것을 뼈에 새기라! 너희들이 노동자를 쥐어짜며 벌어들인 이윤이 흩어져 그들에게 무상으로 재화를 나누어주어야 하는 날이 도래할 것을 머리에 새기라!

일자리를 빼앗긴 노동자들과 그 가족들이 시체가 되어 썩는 냄새를 맡으며 사는 것이 당신들이 꿈꾸던 낙원인가. 오지가 아닌 도시에서는 일자리를 빼앗기고 재화가 전무한 사람들이 시체가 되기 전 모두 약탈을 일삼으며 강도로 돌변할 것이다. 범죄가 난무하는 도시에서 목숨을 담보하는 하루하루를 영위하는 곳을 파라다이스라 말할 수 있을까. 소비자가 급격히 줄어든 도시에 인공지능은 더 짧은 시간에 더 많은 물건을 만들어 내리라. 소비가 되지않는 물건이 산처럼 쌓여가는 도시, 이 종착역은 악이며 인류의 사각지대다.

그러나 이 쾌속정은 멈추지 못하리라는 것은 자명한 일이다. 자신을 매장시키려는 당장의 음모는 너끈히 물리쳤으나 예정된 몰락, 루비콘강 앞에서 "주사위는 던져졌다."고 뇌까리던 줄리아스 씨저가 생각나는 지점이다. 이제야말로 정치권은 어느 시대보다도 선한 영혼과 정상적인 이성이 작동되어야 할 것이다. 인공지능을 고용한 대기업에게는 높은 세율의 인공지능세를 부과해야 할 것이라는 생각이 든다. 일자리 창출은 고사하고 고용을 원천적으로 봉쇄한 기업은 의무적으로 높은 비율의 인공지능세를 부담해야 할 것이다.

노동자와 농민은 실로 재화보다 더 소중한 존재이다. 농민은 하늘의 도움으로 쌀을 추수하고 노동자는 건강한 밥상으로 하여 소중한 물건들을 만들어내리라. 옷이 없으면 추워서 어찌 살 것이며 자동차가 없으면 옛날처럼 천 리, 만 리 걸어 다닐 것인가. 굶은 사람들이 어찌 배와 비행기를 만들 것인가. 거대 자본들이여! 재화는 선순환으로 돌아야 하고 그래야 인류는 공존공영할 것이다.

노동착취와 열악한 노동 환경으로 노동자를 정상적으로 취급하지 않는 곳에 노동쟁의가 일어나는 것은 당연지사다. 마땅하게 돌아가는 이윤 외에 복지는커녕, 노동자들의 고혈을 짜는 거대 자본의 탐욕은 이제 멈춰야 한다. 비유가 궁색하지만 지렁이에 소금을 뿌리면서 꿈틀거린다고 위해를 가하는 것이 사람이 할 짓인가.

작가들 몇몇이 우연히 알게 되어 고공에서 단식을 시작한 김용희, 이재용을 위한 문화제를 지난 6월 중순부터 이어나가고 있다. 김용희와 이재용 동지, 두 분의 불굴의 정신을 이어가기 위한 것도 있지만 두 번 다시 거대 자본이, 또한 나쁜 자본과 나쁜 정치권이 결합하여 만들어내는 자본주의의 탐욕에 경종을 가하려는 것이다. 이것에 망치의 쇠모루를 자처한 사람이 이재용이요 김용희이다.

그런데 마천루가 즐비한 대한민국의 가장 화려한 거리에서 모피를 두르고, 수억에 달하는 세단을 타고 지나며 여름에는 말라 죽어가고 있는 김용희를, 겨울이 돌아와 얼어 죽어가고 있는 이재용을 남의 일인 듯, 한치의 관심도 없이 동포라 하는 사람들이 눈 하나 깜짝하지 않고 지나치고 있다. 삼성은 더 말할 것도 없고 촛불로 태어난 민주라는 정치권도 모르쇠로 일관, 여전히 시대는 영악하고 열악하다. 고공농성 시작한 지 6개월이면 연인원 수백만이 강남역 사거리를 지나쳤을 터인데 이들을 방탄 유리遊離벽 안에 외계인으로 도외시하고 있다.

핵무기를 가장 많이 보유한 미국이 비핵화를 강요하며 그들이 봉쇄한 북한이라는 감옥에서 일천일백만 아사로 죽어가는 북한 주민을 방치하는 것은 경제제재라는 다른 이름의 대규모 학살이다. 규모는 작으나 이것과 궤를 같이하는 일이 대한민국의 중심도시 강남에서 일어나고 있다. 한 사람은 25미터 공중에 한 사람은 노숙 천막에서 죽어가고 있는 것을 아무렇지도 않은 시선으로 방치하고 있는 작금, 정치권은 물론이요 이를 방치하는 우리들 모두 학살의 공범이다.

이들은 현재 낙하한 수은주 영하 13도에도 굴하지 않고, 얼마까지 내려갈지 모르나 강남 철새가 되어 이 겨울을 강남역 사거리에서 떠나지 않을 예정이다. 김용희는 25미터 허공 교통관제탑 쇠둥우리 위에서, 또 한 사람 이재용은 그 밑 지상에서 오늘도 쇼생크의 듀플레인처럼 자본주의의 벽을 깨려고 망치질을 멈추지 않고 있다. 다만 듀플레인은 동료가 쥐어 준 망치로 벽을 깨고 있지만, 위의 두 노동자는 작업대에서 휘둘러야 할 망치를 거두고 거대 자본과 권력이 만난 방탄유리 된 이 사회의 벽에 제 몸을 망치 삼아 두드리고 있다.

삼성은 악덕 기업가 이재용 일가를 내치고 선한 기업으로 거듭나기를 간곡히 요청한다. 사라진 그들을 작업대로 다시 불러들이는 선한 기업이 삼성임을 동시대를 걷는 우리들의 뇌리에 새기게 하라! 그 2세와 3세, 미래세대와도 선한 기업 삼성으로 함께 걸어가야 할 것 아닌가. 그리하여 제2 제3의 김용희와 이재용을 든든한 작업대에서 다시 망치질하게 하라!■

# 경자년이 기어코 왔어

경자년이 기어코 왔어

저 비록 이름은 촌스럽지만
동해를 가르고 찬란히 솟아올라 가여운 한반도에 빛살 뿌리며
팔천만 구석구석을 찾아갑니다
첫날 영시에는 지난해, 지글지글
고생도 많이 한 기해己亥라는 녀석과 만나
바톤 터치를 했지요
집 채만 한 미결서류를 질질 끌고 왔는데 딱 뻗기 일보 직전이더군요
너덜거리는 그의 몰골 앞에 겁도 나지만 어쩝니까
우리는 신의 부름을 받고 움직이는 메신저인 것을요

예수처럼 가장 낮은 자세로
저 북녘
기아에 허덕이는 일천만을 돌아보는 것 또한

자본주의가 찍어 세상으로 방출하는
그 헐떡이는 오지의 현장을 우선 돌아보라는 것
사랑과 공의만을 행사하시는 신께서
경자, 이 년에게 내린 일차적 소임 아닙니까

일찍이 보나빠르뜨 나폴레옹이
거세시킨 줄 알았던 용 중의 왕 여전히 부활하여
유럽에 똬리를 틀고 앉아 스스로 신의 대리자라 공표
입으로만 긍휼과 평화를 외치며 수천 개
보석이 박힌 옥좌를 깔고 앉아
직무유기 하니 어쩝니까

또 한 그와 궤를 같이하는 하수인, 개독들이
번쩍이는 건물과 더 많은 소유를 혹은 권력을 위해
싸구려 좌판에 예수를 내놓고
넝마와 누더기를 만들고 있으니 어쩝니까
보다 못한 신께서 암시와 상징
갖은 수사를 동원하여 싸인을 보내셨으나
어리석은 인간들은
참과 진리를 알아보지 못하고 혹세무민하는 것들과 야합하여
악머구리 끓듯 한반도를 유린
스스로 버러지와 짐승의 짓을 하고 있으니
그러니 어쩝니까
하늘이 명 하신 대로 이 경자년이 뛰어야지요

주려서 목마른 자 제일 먼저 찾아보고
억울하여 잠 못 드는 자에겐
요람 흔들어 주라 하신 명을 붙잡고 준행하겠습니다
무모한 칼잡이들의 집단은
육류를 만드는 도살장으로 보내라는 말씀
또 한 잘 받들겠습니다
도살은 마소를 향해 하는 것인데 사람을 잡는 그중의 왕초는
소 도축장으로 보내어 그간 강호에서 쌓은 실력을
사람 잡는 데 쓰지 말고
소를 잡는 백정으로 강등시키시라는 말씀 또한
명심 거행하겠습니다.

그간 비가 오나 바람 불거나
서초동으로 여의도로 촛불을 든 시민들 그들이 무슨 죄입니까?
중차대한 시대이고 여전히
벼랑 앞에 선 듯 맘 졸이는 시간이지만
국정 하나하나마다 어째서
시민이 촛불을 들고 매번 난리를 쳐야 합니까.
자신의 생업을 위해 더 윤택한 삶을 위해
사랑을 나누어야 할 시간에
거리에서 차가운 아스팔트 바닥에서 외장을 쳐야만 하는 현실은
언제가 되어야 끝장이 납니까.

촛불로 앉힌 대통령은 뭐하고
국무위원들은 뭐하고 국회는 뭐 하는 겁니까.
그들이 받는 월급 시민들에게 나눠 주나요?
광화문과 서초동 여의도를
한가하게 거닐며 추억이라는 이름으로
지난 시절을 반추하게 될 날은 과연 올까요

법과 권력을 남용해서도 안 되지만
날뛰는 짐승을 방치하는 것도 직무유기라는 것을
자유를 너무 주면 방종이 된다는 것을
깨닫게 하라신 말씀을 듣고
푸른 기와집에
제일 먼저 방문하라는 하늘의 말씀
이 경자 년에게 내린 엄명이라는 것을 알다마다요
하지만 전 세계 어느 시민보다도 경륜이 높고
자질 또한 훌륭한 우리의 시민들이 가만히 두고 보겠습니까.
그간 기레기 언론으로 인해 얼떠리우스가 되었던
통탄할 수십 년을 압축하여 4월이면
그들이 가차 없는 심판을 내릴 것을 믿어 의심치 않습니다.

핵을 핑계 대고 가장 많은 핵을 보유한 미국이
북한이라는 거대한 규모의 감옥을 설정하고
경제제재라는 이름의
악하고도 악한 아사로 학살을 감행하고 있는 이 난국을 향해

제 손에 쥐어주신 기밀문서는
북미회담 열리는 그날에 이 경자년이 뛰어가
전달하겠습니다.
유사 이래 가장 큰 폭력
지구촌, 글로벌이라는 이름의 뚜껑을 쓰고
방산자본이라는
자본주의 가운데 가장 파렴치한 폭력이 횡행하는 그 현장에
나타나실 신의 현현을 기다리며
되다만 남북 경협, 이를 위해 애쓰는 현장도
신발이 닳게 쫓아다니겠습니다.

그리하여 금강산 관광 열리고 이산가족
부둥켜안을 수 있는 날을 앞으로 당기겠습니다.
무엇 보다 열려라, 개성공단, 서두르자 평화철도
그리하여 한반도의 봄 언덕에
눈 맞은 남남북녀 꽃반지 끼워주고 화관 씌워주는 곳
선남선녀 합궁의 밤을 마련하고
새파란 별 떨기 아래 천막을 치고 멍석 깔 터이니
이 경자년이 마련한 잔치마당에
팔천만이여, 춤을 추며 오시옵소서!
어깨와 어깨동무를 하고 강강수월래 부르며 그간
오해와 반목일랑 강물에 풀어 놓고
우리 영원무궁한 배달의 민족 하나 되어보자고
하늘 우러러 우리의 염원을 빌고 빌어봅시다.

# 배냇병신의 봄날

배냇병신의 봄날

포천 축석으로 가는 길에 농장을 갖고있는 친구가 문경서 두릅이 왔다고 초대한다. 그 귀한 두릅으로 동무들과 함께 그 부군들을 초대해 봄의 맛을 선사할 만하니 인심도 후하고 배포도 넉넉하다. 가까운 친구와 내가 젤 늦었으려니 했는데 도착한 사람이 아무도 없다. 바쁜 주인을 붙들고 손님 행세도 할 수 없어 쑥을 뜯겠다고 하자 여편네 닮은 널브러진 소쿠리 하나 내놓는다. 황토방 뒤편, 산으로 오르는 돌계단 사이에 쑥이 다북다북 모여 앉았다. 쑥을 뜯으며 내려다보자 농장 이곳저곳으로 철쭉도 무리 지어 나부죽 애기 중이고 발간 손가락을 내민 단풍나무에 바람이 서성인다. 아침에 창을 열고 보니 하늘은 흐리고 뉴스에서도 비가 올 예정이라는 소리를 들었는데 웬걸! 아직 멀었는데 유월처럼 두꺼운 햇살이 뜨끈거리며 잔등을 타고 논다.

조금 있자 오랜만에 보는 얼굴들이 도착했다. 친구 한번 잘 둔덕에 몇십 년만인지 도회의 여인들이 남자들은 놔두고 화사한 봄나물 언덕에 지질펀펀한 엉덩이를 들이밀고 나물을 뜯는다. 둔덕을 조금 오르자 돌나물과 정말 쑥밭이다. 쌓인 가랑잎, 갈비들을 헤치자 키 큰 나물들이 고개를 쑥쑥 내민다. 이 정도 키가 되면 질긴 법인데 땅이 기름진지 쑥은 칼 대기가 무섭게 삭삭 베어진다. 청회색 펄! 쑥의 팔다리에 돋은 진주모, 솜털 앉은 쑥 빛깔이 나는 좋다.

그 옛날 언니와 어머니와 걷고 또 걸어 봄나물을 뜯으러 뚝섬에 당도하면 나는 기운이 소진되어 견디기 힘들곤 했다. 학령도 되기 전 기껏해야 대여섯 살 정도였으니 지금 생각해도 무리한 주문이다. 더구나 어른들은 괜찮아도 십 리도 넘는 길을 걸었다고 생각해 보라! 그러나 뚝 길 양쪽으로 돋아 난 파릇파릇한 새싹들! 고개를 쳐들면 노란 하늘이 뱅뱅 돌았지만 어지러운 귀결에 종달새 유난히 지저귀던 곳! 비루먹은 망아지 같았던 나는 그 벌판에만 서면 금방 기운이 소생하곤 했다. 뚝 아래, 푸른 바람결에 이리 쏠리고 저리 쏠리는 융단 같은 미나리꽝에서는 비릿하고 싱그런 물비린내가 올라오고 입속으로 들어온 바람은 나를 풍선처럼 부풀려 벌판을 둥둥둥 떠 갈 것 같았다.

그런데 어이 고개를 땅에 처박고 나물을 뜯을 수 있으랴! 어머니는 내게 나물 캐라고 성화를 대셨지만 하늘이 밀어 올리는 빛과 바람의 애드벌룬을 놔두고 어떻게 한 끼 반찬을 위해 쪼그리고 앉을 수 있겠는가. 그 어린 계집애에게 오지게 바라는 것이 많기도 한 언니와 어머니다. 뚝섬에 가는 날이면 영락없이 발밑에 자욱하게 돋은 나물들이 아까워 어머니는 그를 버리고 겅중거리는 나를 무슨 배냇병신 취급하셨다. 손톱만한 것이라도 모두 캐야 자리를 뜨는 언니와는 대

조되어 나는 엄마의 눈에 정말 바보로 보이고도 남았을 것이다. 거의 열 살이나 차이가 나는 언니와 나를 비교할 대상인가.

언니와 어머니의 나무람은 거의 분노를 동반한 것이어서 파릇파릇한 대지와 마주하려고 노력했지만 꼭 장님처럼 내겐 나물이 전혀 보이지 않았다. 유성기에서 배웠던 노래, "한 푼 없는 신사가---" 어쩌고 하는 〈빈대떡 신사〉나 아니면 오빠의 애창곡 〈올드블랙 죠〉, 〈스와니강〉을 흥얼거리며 콧방울은 부풀어 오르고 바람을 잡으러 이 둑에서 저 둑으로 뛰어다녔던 단발머리 소녀가 지금 생각해도 가엾다.

모두들 어려웠던 시절, 우리 말고도 소녀와 엄마들의 허연 잔등이 목화솜처럼 피어있던 푸른 언덕에 겅중거리고 뛰어다니던 것은 비쩍 말라 각다귀 같았던 계집애 하나 뿐! 모두들 쑥, 미나리아재비, 냉이, 씀바귀, 비름, 질경이 등, 나물들을 뜯어 바구니를 채웠다. 그 뚝 길을 나는 호랑나비를 잡으러, 장다리꽃에 앉은 벌을 따라 뛰어다녔다.

오늘 친구네 농장에 와 쑥을 뜯으며 그 옛날 지점으로 돌아가 본다. 초록의 들판을 구르던 황금의 빛살들! 저녁이 오는지 아침이 오는지 모르던 철 없던 시간들. 계절이 가져다주는 바람에 혼절하여 나는 천국의 마당에 내던져졌던 것을 현실의 무게에 짓눌린 어머니가 보실 수 없었겠지. 그날들을 반추하는 사이 오늘 뜯은 쑥이 소쿠리에 가득 찼다. 옛날 어머니 성화에 이제야 답하며 뒤 곁에서 내려와 그늘 밑 평상으로 다가선다.

그 새 우리를 초대한 안주인은 솜씨도 좋지. 쑥버무리에 두릅초무침과 두릅전에 막걸리를 겸한 술상이 열무 겉절이까지 번듯하다. 부부동반 모임이지만 이제 늙어가는 우정이 내외가 없다. 막걸리 사발을 들어 건배를 하고 안주를 볼이 터지게 우겨들 넣는다. 친구들을 건너다보면 가물거리는 봄 언덕에 어느새 친구들이 아니라 네 어머니 내 어머니가 둘러앉았다. 봄이라는 계절이 오면 언제나 배냇병신이 되었던 봄나물 언덕에 희끗- 어머니 치맛자락이 나부낀다. 흔들리는 미나리꽝 아래 피어오르는 내 젊은 어머니의 초상이!■

제2부

# 홍콩사태, 폭력 그 선동의 배후

홍콩사태, 폭력 그 선동의 배후

드디어 9월 말에 예견했던 대로 미국은 홍콩사태를 간섭하기 시작했다. 미국을 비롯한 국제 언론은 미 하원에서 '홍콩 인권 민주주의 법안' 이 통과되었다고 보도했다. 또한 홍콩 시위를 지지하고 최루탄 같은 시위 진압 장비의 홍콩 수출을 금지하는 법안도 함께 통과되었다. 이 보도에 미국 정치권을 향해 홍콩 행정부는 물론 중국주 정부는 불편한 심기를 강하게 드러내면서 외국 의회가 왜 내정 간섭이냐며 강력히 비판했다.

복면금지법에 대한 항의로 시진핑 국가주석의 가면을 쓴 의원도 보이는 가운데 "중국은 강력한 반격 조치를 취할 것이며 주권 안전과 발전 이익을 확고히 지키겠습니다." 라는 중국 외교부 대변인을 통한 정부의 입장도 발표되었다. 이런 가운데 민간 인권 전선의 지미샴 대표가 괴한들로부터 쇠망치 공격을 받아 크게 다치는 등 홍콩은 걷잡을 수 없는 폭력시위에 휘말려 들었다.

지난 6월부터 일어난 홍콩사태는 게양된 중국 국기를 끌어 내려 태우는 등, 시위대가 다시 격해지더니 요즘에는 방화까지 일어나 홍콩 정부에서도 강경 진압에 나서고 있다. 8월 마지막 주가 되면서 격한 반응이 가라앉아 이를 지켜보는 세계 시민사회가 안도하고 있었는데 말이다.

아편전쟁으로 영국에 굴복한 청나라와 1941년에 체결된 난징 조약부터 친다면 80년이 넘는 세월, 영국의 정치체제 속에서 문화를 비롯한 사회 전반이 총체적으로 영국화 되었을 것은 뻔한 일이다. 영국의 조치가 끝나고 1997년에 중국 본토로 환원된 홍콩민들은 당연히 잊었던 정치체제에 편승하고 적응하기에 적잖이 혼란스러울 것이다.

식민지이기는 하나 자본시장의 개방 등으로 세계 유수의 도시국가처럼 폭발적으로 발전한 홍콩이 새삼스럽게 공산 체제 속으로 귀속된다는 것에 홍콩민들은 기본적인 반감을 갖기에 이르렀을 것이다. 정치와 문화, 경제를 비롯한 얼마나 많은 문제와 과도기적 현상들이 속출할 것인가. 바로 이때 홍콩에서 일어난 범인 본국 송환문제를 계기로 중국 중앙 정부에 눌려왔던 화를 폭발, 반기를 들면서 홍콩 시위대는 걷잡을 수 없는 국면으로 발전했던 것이다.

수많은 사람들의 목숨을 건 저항과 희생을 먹고 역사는 진보를 거듭하고 있으며 자유와 민주는 길이 없다면 시민사회가 길을 만들어서라도 걸어가야 할 당연한 숙제이다. 시위와 궐기는 제안과 건의, 대화로 되지 않을 때 건강한 시민사회를 존속시킬 수 있는 마지막 수단이며 당위이고 그 시대 구성원들의 의무이다. 정치권이 있다지만 그들이 해결해 주기를 바랄 때는 타이밍을 놓치기 일쑤다. 우리들의 생명과 인권과 복지는 우리 자신이 직접 싸워 쟁취해야 된다는 것은 고금동서를 막론하고 역사가 웅변하고 있으니 말이다.

우리 대한민국의 촛불 시위에는 따라올 수 없지만 홍콩도 어느 날은 50만이 넘는 인구가 시위에 참여하고 있다. 위에서도 언급한 바 반정부 시위, 반독재 시위는 정상적인 사회라면 당연히 나타날 사회현상이다. 중국이라고 정치체제가 다르다 한들 제 국민을 향한 독재와 과잉 진압 혹은 학살이 자행된다면 실시간으로 지켜보고 있는 지구촌 사회가 가만 있지 않을 것이다.

하지만 시진핑 주석이 집권하고 나서 경제에 있어 자유 시장경제 시스템을 도입하는 등, 변방 구석구석에 살고있는 다양한 민족들의 문화 다양성을 관광 자원화 하는 바람에 중국 벽지 고을마다 그렇게 골고루 잘 살게 되었다고 한다. 유사이래 지금처럼 잘 사는 시기는 처음이라고 정작 중국민들 대다수가 시진핑 만세를 외치고 있는데 과연! 이번 홍콩사태는 중국 정부가 어떻게 대처할지 귀추가 주목된다.

그런데 이번 홍콩사태를 보며 꼭 지적하고 싶은 곳이 있다면 언론들이다. 시위가 폭력적으로 변질되면서 국내외 언론 보도가 방점을 찍는 것은 한결같이 중국 경찰의 과잉 진압이라는데 문제가 있다고 본다.

시위대가 평화시위를 하지 않고 폭력적으로 변했다면 이를 저지하고 제압해야 하는 것은 당연히 관계 당국의 의무이며 임무이다. 대단위 군중은 폭력을 휘둘러도 방화를 일삼아도 된단 말인가. 군중은 실제로 시한폭탄과 같은 존재 아닌가. 폭력은 더 큰 폭력이어야 진압되는 것은 누가 보더라도 보편적 논리이다. 진압 경찰이 신변에 위협을 느꼈을 때 자위권을 발동하는 것은 자기방어의 기본이다.

여기서 짚고 넘어가야 할 것은 '누가 먼저 폭력을 시도했는가' 이다. 홍콩 시민들이 처음에 선진국가의 시민답게 평화롭게 시위를 시작했을 때 정부 당국은 긴장했겠으나 진압은 없었다. 이번 홍콩 사태에 대한 정부의 강경 진압은 시위대가 폭력적으로 변하고 나서다. 아무리 좋은 목표를 향해 간다 해도 폭력이 수반되어서야 궁극적으로 무엇을 쟁취하겠는가!

더구나 자유와 민주, 더 좋은 세상이란 무엇인가, 폭력도 전쟁도 없는 자유롭고 평화로운 소통이 잘 되는 세상 아닌가. 늦더라도 돌아가야 하고 평화적인 행진이어야 그대들이 꿈꾸는 바를 쟁취할 수 있고 그것이 인류사회가 역사를 거듭하며 쟁취하여 온 가장 의미있는 보편적 가치 아닌가.

인도의 영웅, 마하트마 간디의 비폭력 침묵시위를 모르는 사람은 없다. 인도의 왕권시대가 몰락하고 지방 권력 분열의 틈을 비집고 침투한 프랑스를 따돌리고 인도를 점령한 영국은 면화와 차 재배로 인도민의 노동력을 착취하기에 이른다. 뿐만 아니라 그들의 먹거리를 비롯한 생필품의 시장에서 당시 인도는 영국의 젖소가 아니었던가.

18세기 중엽부터 수탈을 시작, 드디어 산업혁명을 일구어낸 영국은 대량생산한 면직물을 저가에 인도에 들여옴으로써 인도의 면직물 산업을 폭망하게 만든다. 한때 면직물 노동자들의 뼈가 인도의 들판을 하얗게 뒤덮었다는 한 영국 관리의 증언은 이를 뒷받침하고도 남는 처절한 기록이다.

이에 그치지 않고 영국은 드디어 20세기 초, 인도인들에게 소금 생산을 중단케 했으며 소금전매권을 독점하고 소금세까지 부과하지 않았던가. 이와 같은 영국 정부의 파렴치한 식민지 정책으로 민족주의가 형성되고 끊임없이 독립운동이 계속되어 오던 터에 인도민들은 소금 사태 앞에서 드디어 총 궐기하기에 이른다. 이때 아쉬람에서 70명의 동지와 행진을 시작한 간디 일행이 단디(dandi) 소금이 생산되는 바닷가에 24일을 걸려 도착했을 때 행진에 합류한 시민은 6만이 넘어 있었다.

"그들이 염세를 부과하면 우리가 소금을 만들어 먹으면 될 것 아닌가. 실을 뽑는다는 것은 전 인도인을 위한 것입니다. 물레를 돌리십시오. 인도인이여, 자기 손으로 자기 옷을 만드십시오. 우리의 몸을 영국의 직물로 가리는 것은 수치입니다."

간디의 절규는 헛되지 않고 인도는 드디어 1947년 8월 15일에 독립을 맞으며 인도의 민족주의 운동은 전 세계인에게 회자 되기에 이르렀다.

그러나 인도보다 훨씬 앞선 비폭력 불복종 운동이 있었으니 1919년 3월 1일, 한반도 정오에 일어난 독립 만세운동이다. 이 기미년 3 · 1 운동은 중국으로 가서 같은 해 반제국주의, 반봉건주의 혁명

운동이었던 5 · 4 운동의 모델이 되었으며 1930년 인도로 건너가 소금 행진에 영향을 미쳤던 것이다.

그뿐인가. 시공을 따라 그렇게 멀리 갈 필요도 없이 우리는 바로 얼마 전 광화문 촛불 혁명을 직접 완수하지 않았던가. 연인원이긴 하지만 일천칠백만이라니! 우리 겨레 삼 분의 일 인구 아닌가. 일천칠백만이 모이는데 그 광장에 쓰레기가 한 잎이 없다는 것은 무엇을 말하는가. 일천칠백만이 모였는데 폭력은커녕 작은 소요 단 한 건도 없었다니 믿을 수 있겠는가. 외국인 기자들이 현장에 있지 않았다면 세계인들이 어찌 믿었으리요. 우리는 그 여러 달 동안 초지일관 비폭력이었다.

유모차를 밀면서 할머니와 할아버지도 광장으로 나왔다. 아이들 무등을 태우고 삼삼오오 온 가족이 참가했다. 청춘남녀는 민주를 외치며 그들의 사랑을 광화문에서 꽃 피웠다. 춤을 추면서 쇠붙이가 번뜩이는 가슴을 달랬다. 임을 위한 행진곡을 부르며 다 함께 이 고비를 넘기자고 다짐했다. 씻김굿을 하듯 그간 당했던 착취와 갈취를 풀어 축제로 만들었다.

그래서 우리는 부서진 건물의 잔해 한 점도 없이, 한 사람 정강이 깨지는 일 없이, 작은 다툼 하나 없이 민주의 깃발을 다시 꽂았으며 평화의 행진을 지금까지 계속하고 있다. 단 천 명이 모여도 폭력이 전제되는 것이 시위요 궐기의 마당이다. 우리 민족은 전 인류사에 없는 세계사를 새로이 쓰고 있음이 분명하다. 우리는 위대한 민족임을 인류를 향해 증거 했으며 어떤 경우에도 폭력을 용납하지 않으며 평화를 사랑하는 민족임을 세계만방에 보여주었다. 머리 또한 세계 제일로 좋은 민족임은 말할 것도 없고 교육열 또한 세계 제일 아닌가. 그리하여 한류와 더불어 세계인들이 우리를 모두 흠모하고 있으며 정의의 구현은 바로 대한민국 국민처럼 쟁취해야 한다는 것을 지구촌은 학습했던 것이다.

하지만 방심은 금물이다. 당시 파렴치하고 악한 전 정권은 200대의 장갑차와 250대의 탱크를 준비시키고 궐기한 민중을 밀어버릴 시나리오를 치밀하게 짜놓고 있었다니 간담이 서늘하다. 속속 드러난 자료와 물증으로 그들의 실체를 온 국민은 확인하고 말았던 것이다.

그렇다면 여기서 시위 초기를 기억해 볼 필요가 있다. 광화문 대규모 집회 첫날, 저 미친 정권을 다 때려 부수자고 차체로 올라가 선동하는 그룹이 분명 있었다. 그것을 지나던 학생들과 시민들이 "내려 와! 내려 와-" 연호를 외쳐서 막았던 것을 기억해야 할 것이다. 거기에 휘말렸더라면 어쩔뻔 했을까. 그들의 각본에 낚였으면 어떻게 되었을까. 작은 폭력이라도 발견되면 그것을 빌미로 계엄령을 선포하고 흥분한 민중을 밀어버리자는 것이 저들의 시나리오였다니…….

그런데 이와 유사한 광경이 이번 홍콩의 궐기 초기부터 민중 속에서 일어나고 있었음을 나는 공중파 뉴스를 시청하다 분명히 목격했다. 왜 홍콩 시위대 안에 영국기와 성조기가 보이는지 모르겠다. 또한 미국과 영국이 홍콩사태를 해결해 달라는 구호가 민중 속에서 들려온다고 특파원들은 보고하고 있잖은가. 홍콩은 분명 중국의 한 개 도시이고 중국 관할 구역 아닌가.

끝까지 비폭력으로 가야 하는데 홍콩민들 왜 저럴까. 구호를 외치는 사람들과 영국기와 성조기를 들고 있는 사람들이 같은 그룹 아닐까? 아슬아슬한 마음으로 뉴스를 보며 앞으로 저들이 폭력을 선동할 모양이다, 하는 강력한 의구와 함께 석 달여를 바라보고 있는 사이 드디어 홍콩은 폭력과 방화로 비화 되고 그에 따른 희생자들이 속출하게 되었다. 당국은 당연히 강경 진압에 나섰다.

중국 공산당을 갈라치면서 영, 미를 중심으로 하는 우익세력이 홍콩 민중을 이끌고 있는 것은 아닐까. 의혹의 눈길을 보내고 있었는데 드디어 미국 의회가 홍콩사태에 대한 인권법을 통과시켰다, 는 소식을 접하게 되었다.

그런데 미국은 과연 타국에 대해 인권을 운운할 자격이 있는 나라인가? 미국 본토에서는 시위대도 아니고 무장하지 않은 개인에게도 자위권 발동이라면서 경찰들이 마구 발포하지 않는가. 또한 제2차 대전 중에 죽은 사람의 숫자보다 그간 미국 본토의 총기 소지로 죽어간 청소년의 숫자가 더 많다는 것 아닌가. 수백만의 학생들이 전국적으로 총기 소지를 법적으로 막아달라고 시위를 벌여도 이를 법제화하지 못하는 나라가 미국 아닌가. 그런 나라가 남의 나라 폭력시위대를 향해 강경 진압했다고 중국을 향해 인권이 어쩌고 떠들 자격이 있는가. 누가 미국을 경찰국가로 임명했는가!

박정희 5 · 16 쿠데타가 지구촌을 향한 미국 CIA의 공작 중 가장 완벽한 공작이었다고 CIA 기밀문서가 말하고 있지 않던가. 1979년 12 · 12사태로 등극한 전두환의 집권이 또한 미국의 시나리오였던 것을 상기해야 한다. 이번 홍콩 시위대를 이끌고 있는 26세의 죠수아 웡이 미국 CIA 요원을 만나고 있는 장면이 포착된 것은 무엇을 의미하는 것일까.

추억하고 싶지 않지만 지금 시점에서 자연스럽게 베트남전을 반추하게 된다. 독일의 브란덴브루크 광장에서 냉전 종식을 선언하고 베트남 상륙을 반대한 직후 존 F. 케네디는 오스왈드에 의해 암살당한다. 재선 출마를 위해 지지율이 낮은 델러스로 정치연설을 갔다가 카퍼레이드를 벌이던 중이었다. 베트남 공산당이 먼저 선제공격을 가했다는 통킹만에서의 미국 자작극은 케네디 사후 바로 벌어졌던 사건임을 상기해야 할 것이다.

이후 그들은 베트남에 상륙하여 무엇을 했던가. 남한에 상륙한 미국이 그간 어떻게 했던가. 리비아를 어떻게 했으며 중동 여러 나라를 미국은 어떻게 했던가. 그처럼 그들은 지금 국제사회를 속이고 또 하나의 획책을 꿈꾸고 있는 건 아닌지. 홍콩을 삼키려고 시위대 속에 폭력 선동자들까지 박으면서 조직적으로 지금 홍콩을 가장 악성 혼란에 빠뜨리고 있는 것이 미국이 아니라고 말할 수 있을까. 중국 정부가 강경 진압하도록 낚시밥을 던지고 있었던 것이 합리적 의심으로 떠오르는 것을 어찌하랴!

홍콩민들이여, 끝까지 대화하라! 우리 대한민국의 촛불시위대처럼 절대로 폭력 선동에 낚이지 말아야 한다. 그 폭력 선동자가 미국의 앞잡이인 것이 드러나지 않았는가. 2012년부터 미국으로부터 선동자금을 받아왔음도 보도되었다. 개미 새끼 한 마리 폭력의 폭자도 꺼내지 말라. 폭력이 일어난 곳에 반드시 공권력이 투입되고 그럴 때를 학수고대하고 있던 미국이라는 전쟁 시나리오의 연출자들이 곧바로 해당 공권력을 공격하면서 군대를 투입하고 내정 간섭에 들어갈 것이다.

끝까지 평화 행진하라! 폭력은 더한 폭력을 부를 뿐이다. 폭력은 더 큰 폭력에 의해서만 진압된다는 것을 명심해야 할 것이다. 차라리 전쟁광 미국을 이 지구촌에서 어떻게 결박시킬 것인가에 머리를 맞대야 할 것이다.

# 미군이여, 고이 보내드리우리다!

미군이여, 고이 보내드리우리다!

미군, 그대들이여 고이 보내드리우리다
진달래는 꺾어다 깔지 못했으나
한반도 이 땅을 즈려 밟고 가시옵소서
그대들이 초토화하였고 당신들 전우들 피 흘린 산야
당신들이 동강 낸 지 반세기 넘은 세월
공룡같은 큰 나라
당신네 미국이 이 조그만 땅덩이 한반도 때문에
앓는 소리가 천하를 덮으니 이제는 고이 보내 드리우리다
당신들은 영원을 주장하고
소련은 삼 년이면 족하다던 신탁통치
우리도 이제 지구촌에
경제 대국으로 우뚝 섰으니 걱정을 떨치고
미련일랑 모두 접고 돌아가셔도 좋소.
소비가 미덕이라던 미국이 우리의 우상이던 미국이

한반도의 작은 나라
대한민국을 착취하기 위해 사기를 쳤다니 말이 되겠소!
남의 유전을 아무리 퍼 날라도 허기가 집디까?
유전지역 나라들을 침공하고 내란을 조장하고
그 민족의 리더를 멧돼지 몰이하고
타민족을 향해 융단폭격도 서슴치 않는 미국이여!
오일도 빼앗고 무기도 팔아먹더니 아직도 배를 못 채웠는가!
일찍이 인종청소의 선국先國 미국이여!
그대들에게서 오지게 학습한 독일의 히틀러가 제1의 수제자요
제2의 수제자는 여전히
대한해협을 건너오지 못해 갖은 술수로 골몰하는 지금
대한민국의 안보와 국방
중요한 경제도 우리가 할테니
모든 염려 내려놓고 태평양을 건너가도 좋소.

그간 이 땅에 건너와
얼마나 많은 고초 겪으시었소.
또 전쟁터에서 죽어간 전우들은 얼마나 많으시었소.
내 나라도 아니고 이역만리 타국에서
눈 감지 못한 영혼들에게 부끄럽지 않은 후예들로 거듭나기 바라오.
목숨을 바친 그 영혼들의 피 값을
무슨 수로 갚겠냐마는 이제 누가 보더라도 그만하면 됐소!
1세기 가까운 세월 대한민국을 흡혈했으니 됐소

남북한 공포 팔아 무기 팔아 수백조 챙겼으니 이제는 됐소.
벼룩도 낯짝이 있다는데
낯짝에 철판 좀 그만 깔고 이제는 돌아가도록 하오.

덩치는 커가지고 세계 맹방을 잡아먹고
전쟁 일으켜 부를 걸터듬는 미국이여!
인명 살상으로 달러의 가치를 올리는 미국이여!
이제는 덩치 값을 할 때도 되지 않았소!

당신들 철수하는 그날이야말로 한민족 제2 광복의 날!!
미군들 떠나가는 가두에 서서
우리는 만국기를 흔들며 환송할 테요.
그간의 우의를 기억하고
그대들이 흔들고 간 우리의 혼과 넋을 되찾고
우리의 민족정기를 바로 세울 터이니
이제 그대들은 고향으로 돌아가도 좋소.

떠나가는 미국, 돌아가는 미군! 그대들 떠나는 길에
약산의 진달래는 깔지 못할지언정
프로펠라 돌지 않는 100억짜리 폭격기 수백 대
레이다 고장 난 정찰기 수백 대
주요부품 빼고 군납했다는 수백억 첨단 무기들
첨단이라며 팔아먹은 베트남전에 사용했던 숱한 무기들
권모와 술수와 배신과 사기 집단 국제 깡패에게

화려한 이력으로 직조한 카펫 깔아드리오니 즈려 밟고 가시옵소서.

미군, 당신들의 상륙으로
참으로 많은 습속이 그 세월 속에 뿌리도 내렸지
치즈와 빠다와
우윳가루와 광활한 당신네 대륙에서 기른 강냉이와 밀
우리의 곯은 배를 채워주던 선한 나라 미국이여!
옥수수죽을 끓이던
연못처럼 커다란 빈민의 솥단지도 생각날 거요.
가마솥에 끓인 한 봉지 커피
한 마을이 모두 모여 한 사발씩 들이키고
삼동이 잠을 설치던
그날의 아픈 세월을 향수처럼 기억하겠소.

샤넬이니 루이뷔통 양키물건 팔던 아줌마들 다 어디로 갔는지
껌을 질겅대면서 우리 순결한 여자들의 치마를
강제로 들추느라 고생하셨소,
이승만과 손잡고 없는 빨갱이 색출하고
우리 민족 학살하느라 수고하셨소

동두천과 의정부에 부대찌개 거리 창궐하게 하시고
미군부대 짬밥을 뒤적이다 못해
그랬다 갈보(~그레타 가르보)- 를 흠모하면서

얼마나 많은 언니들이 미니스커트와
빨간 구두 아가씨가 되었는지 모르오
운 좋으면 비행기도 타보고
그 크다는 당신네 나라도 더러는 구경을 하지 않았소!

The house of the rising sun. 금지곡을 읊조리며
The animals를 쫓아 기브 미 쪼꼬렛 외치며
미제 군용 찝을 쫓아 질주하던 까만 소년들
처절한 음조에도 해가 뜨고 빛은 쏟아지고 이제는 앵간히 살만하오
당신들이 행하던 인종청소는 백점이오
이제는 돌아가셔도 좋소
좋은 말 할 때 돌아가시오 당신들의 나라로

▲미군 병사와 아이들.

드보르작의 신세계를 향하여 고잉홈(going home)을 부르면서
당신들이 이 땅에 버린
페놀과 생화학무기와 악성 미생물 즈려 밟고 가시옵소서
아니면 존 레논과 비틀즈, 엘비스를 흘리면서
혹은, 하리 벨라폰테의 바나나 보우트를 밀면서~~

# 개혁의 촛불 타는 밤- 거룩한 분노

개혁의 촛불 타는 밤- 거룩한 분노

▲2020년 9월 28일 서초동 집회 현장

임명권자에게 생명을 부여한 이는 국민이다. 하늘이 부여한 추상과 같은 임무를 수행하고 정의의 검이 법 앞에서 공정하게 행사될 때 억울抑鬱을 호소하는 국민은 줄어들고, 정의가 흘러넘쳐 인권은 보장될 것이며, 민주는 꽃을 피워 사람들은 평화와 평강을 구가하리라.

이곳은 법의 본산이 줄지어 서 있는 서초동이다. 촛불 집회가 6시인 줄 알고, 나도 일찍 갔으나 4시도 되지 않아 거리는 이미 사람들로 가득 찼다. 계속 꾸역꾸역 밀려들고 지하도는 오르내리는 사람들로 붐볐다. 지난 탄핵 정국 때처럼 일가족이 모두, 노년의 부부와 중년의 부부들이 손에 손 잡고, 아이들 무등 태운 젊은 부부들과 청춘 남녀들은 뜨거운 가슴을 집회장에서 불사르기 위해 모여들었다.

4시가 넘자 벌써 지하도 밖은 입추의 여지가 없었다. 지극히 평화로운 가운데 삼삼오오 모여 초를 사거나 나누는 모습들이 흥겨웠다. 국민적 염원이 관철되기라도 한 것처럼 축제를 즐기러 온 사람들은 후면도로까지 차지하고 앉아 외치는 구호는 똑 같았다.

"검찰개혁 조국수호!" "문재인을 지켜내자!" "윤석열은 물러가라!"

6시가 가까워지고 집회가 시작되자 사람들은 너나없이 성난 코뿔소로 변했다. 아니 불을 뿜는 공룡처럼 화염이 공중을 떠돌았다. 성냥을 그어대면 삽시에 불이 붙을 것처럼 그들이 내뿜는 숨은 뜨거웠다. 밤이 되자 백만 개 아니 이백만 개의 촛불이 빛을 발했다. 하늘을 점거한 불꽃놀이 그것은 대한민국 오천만이 쏘아 올리는 염원, 하나의 우주 쑈였다

그들은 왜 성이 났을까. 그들을 성나게 한 것은 무엇일까. 임금에게 속고, 매국 대신들에게 속고 미 군정에 속았다. 한 사람 한 사람 목숨 걸고 모은 독립군자금 20만 냥을 몽창 가져다 미국 년하고 바람을 피우다 대통령이 된 잡놈 중의 잡놈 이승만에 속았으며 미국

의 비호를 받고 시작되고 마감되는 군부의 쿠데타로 독재의 그늘에서 또한 속고 또 속고 살아온 세월, 100년이다.

군부가 장악했던 시절, 일찍이 독재의 사냥개였던 검찰은 얼마나 많은 선량과 민주투사에게 올가미를 뒤집어 씌웠던가. 독재 정국에서 어쩔 수 없었다 하던 검찰은 여전히 부정한 정권에 아부하며 없던 죄도 만들어 대통령도 좌지우지하는 강력한 권력의 상징이 되었다. 드디어 맛을 들인 검찰은 이번에도 하늘이 내린 서릿발 같은 명령을 멋대로 듣고 자신들에게 들이대야 할 개혁의 검을 반대 방향으로 치켜들었다. 개혁 의지에 머리와 몸통을 형체도 없이 베려던 검찰의 불법적인 행보로 인해 국민들이 초조했던 밤은 얼마였던가. 또 속았구나! 반드시 '검찰은 개혁 대상 일호이며 적폐의 핵심이구나'를 되뇌이는 밤낮으로 인해 국민의 스트레스는 목까지 차올랐던 것이다.

개혁의 주체가 다시 희생되는 것은 아닐까. 저들은 털고 또 털더라. 반드시 고도의 시나리오를 만들어 과거처럼 죄를 뒤집어씌우면 어쩌나! 걱정으로 밤잠을 설치던 가운데 집회에 참가한 개개인은 수류탄과 맞먹는 폭발력을 지닌 민중이 되어 서초동을 중심으로 한 강남을 모두 메웠던 것이다.

100년을 속고 살아온 분노 다시는 속지 않으리라는 각오, 이제 아무에게도 맡기지 않으리라는 결기를 다진 민중은 침착했다. 화염방사기와 같은 화를 안으로 삭인 민중은 끝내 검찰을 비롯한 사법을 개혁하고 정의와 민주를 꽃피우리라. 하늘을 수 놓은 이백만의 불꽃은 오히려 아름다웠다. 그 군중 속에 살아계신 신의 현현을 목격하면서 밤하늘을 밝히는 거룩한 분노는 끝이 보이지 않았다.

검찰청 앞으로 모인다는 소리는 삼삼오오 카톡을 통해 듣기는 했어도 누구와의 약속도 없이 시민들은 모였다. 누구의 지시도 없었다. 끼리끼리 약속을 잡았다. 특별한 일이 없는 사람은 다 몰려나왔다. 도저히 살림도 안 되고 속이 끓어 잠을 잘 수도 없다는 시민의 목소리들이 한 결로 들려왔다.

해도 너무 하는 것 아니니? 정말 파렴치한 자들이지 뭡니까.

윤석열이 멧돼지인 줄은 정말 몰랐습니다.

그네를 낙마시키는 바람에 윤석열이 민주 인사인 줄 알았잖습니까.

저도 그랬어요

지금 보니 명박과 그네가 한 패거리더니 다음 정권을 누구를 앉힐까에서

갈렸나 봐요.

그게 무슨 말씀이세요?

잘 들어보세요. 다음 정권에 명박이는 제 수족을 그네는 또 제 가까운 수족을 앉히려드니까 같은 편이더니 싸움이 났겠죠.

아-그래서 석열이가 맹박이 편이라 그네를 잘라냈단 말이군요.

아아, 그래서 석열이를 명박 산성에서 내려온 사냥개라고 하는군요.

그걸 모르고 석열이가 그네를 치니까 민주투사인 줄 착각했던 것이군요.

어머- 나도 그랬어요.

그네만 잘라내면 지네들은 온전하데요?

그러게요. 전 정권도 많이 해 처먹기는 했지만 미친 것에 불과하다면

명박이는 정말 희대의 사기꾼인 것을 국민들이 다 아는데 본인들만 몰라요.

사대강 비리,

자원외교비리,

방산비리가 합치면 수백조 라데요. 어째서

대통령이라는 사람들이 모조리 대도이고 사기꾼, 학살범에

연쇄살인범 참 화려하기도 해요.

그러니 검찰이 명박산성의 사냥개들인데 수사를 하겠습니까?

해야 할 수사는 안 하고 엉뚱한 사람을 잡아 죽일 기세에요.

그래서 검찰개혁은 이번 정권의 가장 큰 과제죠

"검찰개혁 조국수호!"를 외치는 사이사이 가끔씩 삼삼오오 나누는 대화다. 촛불 군중은 이미 100만이 넘었다는 소리가 들려왔다. 방배동으로 가는 길, 강남대로도 뚫린 길이 없었다. 집에 돌아오고 나서야 200만이 족히 되는 숫자가 모였다는 사실을 알았다. 평범한 사진기로는 앵글을 잡을 수가 없어 드론이 등장했다는 것 아닌가.

잃어버린 일행은 아예 찾을 생각조차 할 수 없었다. 군중은 자

신의 의지없이 이미 방향없이 밀려다녔다. 있는 자든 없는 자든, 귀천도 없었다. 신분의 고하가 보이지 않았다. 본부석에서부터 〈조국수호 검찰개혁〉 〈문재인을 지켜내자〉 〈윤석열은 물러가라〉가 태풍이 몰려오듯 본부석에서부터 쓰나미처럼 몰려오고 몰려갔다. 200만의 외침이 부싯돌을 치듯 하늘을 향해 작열했다.

멀쩡한 사람이 또 뛰어 내릴까 겁이 나서 잠도 안 와요.

늘 사악한 것들은 아니고 똑똑하고 청렴한 민주 인사가 꼭 죽고 말잖아요.

조국 장관 아이들은 아마도 정신적 트라우마가 생겼을 거에요.

누구라도 포기하고 죽을까 봐 마음이 조마조마해서 견딜 수가 없었어요.

나는 오늘 소리소리 다 지르다 갈거에요

불법을 저지른 게 얼마나 없으면 털어도 털어도 안 나올까요?

아무리 없어도 저것들은 젖은 짚단도 두들겨 패서 먼지를 피운다잖아요.

누군가 뛰어내릴 때를 기다리고 기레기들 자한당, 한 편이 되어 날마다 달달 볶는 거지요.

노통 보세요. 10개월을 털렸잖아요. 털어도 털어도 안 나오니까.

지쳐서 포기할 때를 기다리는 거죠. 노통이 검찰개혁 하겠다니까 끝까지 달달 볶아 죽인 거에요. 노통은 타살이라고 볼 수밖에 없어요.

당시 정권에 충성하던 검찰과 언론이 죽인 거에요.

이번에도 검찰개혁 하려는 문통과 조국을 달달 볶아 죽일 수 있다고 자신한 거지요.

그러나 우리 국민 70년이 넘는 세월, 쓰레기 언론 때문에 얼떠리우스가 되었다가 이제 깨어났어요. 너무 순해서 100년을 당했잖아요.

이제는 속지 않아요.

너무 불쌍해서 지금은 신이 직접 진두지휘하시는 것 같아요.

기레기 언론부터 철저히 처단해야 해요.

그러게요. 언론부터 잡아넣어야 해요.

박근혜 처단하는 것을 보고 민주진영에서도 착각했다는 것이 정말 우수워요.

그래서 윤석열 인기가 대단했어요. 조국을 잡아 흔들기 직전까지.

그래서 민심을 받들어 윤석열을 총장으로 임명한 거잖아요.

그런데 지명받자마자 수족들을 제 측근으로 모두 불러들였죠.

그리고 나서 조국 흔들기를 시작하는 바람에 윤석열의 정체가 온전히 드러났죠.

임명권자를 무시하다니 간이 배 밖으로 나왔어요.

불법에서 불법으로 건너뛰며 날마다 공소장을 변경하며 소설을 개작하고, 자한당과 기레기들과 나팔을 불고 꽹과리를 쳐댔죠.

그러고 보면 윤총장이 돌대가리에요.

그렇게 난리를 쳐서 자신의 정체를 드러냈잖아요.

그렇군요. 그래서 검찰개혁이 꼭 필요한 것을 온 국민이 다 알게 되었어요.

그러니까 검찰개혁의 일등공신은 윤석열이에요.

정말이에요, 그리고는 기레기 언론이지요.

검찰개혁과 동시에 나쁜 언론도 씨를 말려야 해요.

다시 풍물패와 나팔부대가 지나갔다. 한꺼번에 부는 나팔 소리는 어마어마했다. 장관이었다. 공기의 압을 폭발시키는 그 소리에 빌딩도 무너질 것 같았다. 우리는 물리적 힘이라면 오로지 소리만을 의존하는 민족이다. 어떤 폭력도 우리에겐 부재하리라. 우리는 유사이래 가장 착하고 인간적이고 평화를 사랑하는 민족이어서 그렇다.

누구일까? 플라스틱으로 된 청색과 적색의 나팔을 준비한 사람은. 수백 명은 되는 숫자가 고개를 쳐들고 검찰청을 향해 동시에 불어 제치는 나팔 부대를 보며 불현듯 생각나는 장면이 있었다. 성경이었다.

가나안을 정복하러 떠난 이스라엘 민족이 여리고성을 함락할 때가 여지없이 생각나는 순간이다. 2미터가 넘는 두께의 성벽은 게다가 이중의 성벽이었다는 것 아닌가. 그 철옹성, 그 난공불락을 분쇄하기 위해 이스라엘 민족을 향해 하나님은 말도 안 되는 주문을 하신다. 하루에 한 번씩만 다 함께 여리고 성을 돌라는 것이다. 칠 일을 돌되 마지막 날은 여섯 번을 돌고 마지막 한 번을 돌 때는 모든 민족이 나팔을 불고 소리를 외칠지어다.

정말 마지막 그날이 다가왔다. 여섯 번을 돌고 나서 이스라엘 민족은 하나님이 명하신 대로 마지막 일곱 번째 여리고성을 돌기 시작했다. 제사장들은 함께 나팔을 불었다. 이스라엘 전 민족은 일제히 소리를 질렀다. 천둥과 같은 함성은 그 견고한 성벽을 치고 나갔다. 여리고 성은 가차 없이 무너져 내렸다.

그 여리고 성처럼 검찰을 비롯한 사법은 속수무책 무너져 내리리라! 난공불락의 요새가 부서져 내리고 나서 깨끗이 청소되어야 하리라. 민주의 기틀을 뿌리부터 흔드는 무리들을 나중에는 찾으려야 찾을 수 없는 시절은 오리라. 그리해서 검찰의 입맛대로 불법이 횡행하는 사회가 물러가고 법 앞에 만민이 평등한 사회, 정의가 강물처럼 넘실대는 마을마을에서 평화를 사랑하는 사람들이 행복을 구가하리라!! ■

## 장전하고 있다, 오천만의 소리 없는 총!

장전하고 있다, 오천만의 소리 없는 총!

누군들 눈 감으면 펼쳐지지 않으랴
길은 외줄기 북망산천北邙山川길
천 송이 만 송이, 송이송이 마다 일억씩 받을걸
놈의 후손들
돈 싸 가지고 왔다고 몇 푼이나 받았더냐
목구멍이 포도청이더냐, 영정 감싼 국화꽃을 팔았네
가을꽃에 싸여 살인마 전두환도 길을 떠나네
평민도 가는 길 따라서 가네

사망 앞에 祝자 붙여도 분이 안 풀리고
뒈졌다, 에 방점 찍어도 한이 안 풀리네
우리 국민 오천만
반세기 다 가도록 경제를 살린다는 해바라기 자본 따라가는
동안

선인도 악인도 모든 이 가는 길 따라
울긋불긋 단풍 든 숲길에
천하 악인 중의 악인
제 국민 학살자가 북망산을 넘어가네

살인자 명패도 없이 학살자 이름도 없이
대갈못 촘촘이 박힌
가시로 만든 관에 쑤셔넣든가
鷄狗처럼 그 시체
벌판에 뒹굴다, 라도 가게 할 것을
민족의 이름으로 처단하지 못한 살인마 자연사가 웬 말이더냐!

더없이 높고 푸른 하늘
머리에 이고
눈감지 못한 5 · 18 원혼들 아직도 림부를 떠도는 오늘
사과도 반성도 없이
찬탈한 권좌에서 영화 누리던 자
속 타는 마을마을 영혼에 새긴 핏자국 밟고
희대의 살인마가 북망을 넘어가네

번쩍이는 고대광실 금잔에 넘치게
인민의 고혈 마시며 불의의 금괴 어디에 묻었더냐!
잘먹고 잘살며 도둑질 잘하고 강도질 잘하라고

사람들 개돼지처럼 짓밟으며 살인도 학살도 서슴없이 하라고
국민을 상대로 걸터듬은 재산 후대에 남기고
살인마 전두환이 마지막 길을 가네

발목 붙잡는 자 팔 비트는 자도 없이
간다 간다 그가 간다
떼강도와 살인마의 산실 대한민국
매국매족과 매판자본의 산실 대한민국
국민적 교훈을 남기고 간다간다 학살자가 곱게 간다
가을국에 싸여, 추종자 똘만이들
읍소하는 길을 따라 남들도 다 가는 길을 간다

우리 민족 너무도 착하고 결이 고와
대대로 청산도 없고 처단도 없이 학습 뛰어난 학살자들 디엔
에이
친족들 살인강도님, 외척들 떼강도님
나라 팔아먹어도
용서도 잘하는 우리는 선한 민족
제 민족 팔아넘겨도 인정 베푸는 우리는 포용의 민족
매국과 매족에 혈안이 된 자
강도요 살인마요 학살자
경호원도 50명 대동하는 전직 대통령이라
산교육을 남기고 박정희를 뒤따라 전두환도 잘도 가네

억울한 원혼들만
동구 동구마다 대숲에 숨어 솔숲에 모여
빈 하늘 향해 유리 손바닥을 비비고 비빌 때
독재자요 학살자를 추종하는 하이에나들
학습능력 뛰어난 자 또 하나 나타나
명박산성에서 내려온 대표 늑대 개 또 날뛰니
총도 칼도 필요 없이 물어뜯을 듯
제 나라를 삼켜버릴 듯 제 국민 잡아먹을 듯~~
앙천 타도하는 오천만
지금 소리 없는 총 장전 하고 있다
일제히 쏠 날 기다리면서…… 하나 둘 셋! 발사!!!

# 500일에 부친다. 조중동 폐간실천단!

500일에 부친다. 조중동 폐간실천단!

잔인한 달 사월을 지나 망월동 묘역, 5월 햇살 쏟아지는 이 영토에 피를 토하며 스스로 민주와 정의의 깃발이 된 그들은 돌아오지 않는데, 그 음험한 밤에 제 민족 학살 카운트 다운을 외치던 미제의 꼭두각시는 지금도 이 지상을 버젓이 활보하는 오늘! 진보든 보수든 어떤 정치권도 믿을 수 없어 반민족 101년 폐단의 근원을 뿌리 뽑고

자 분연히 일어선 시민들이 있었으니 〈조중동 폐간 무기한 시민실천단〉으로 오늘 탄생 500일을 맞는다.

지난해 벽두부터 시작된 인류의 대재앙, 코로나바이러스 펜데믹조차 정쟁으로 삼던 조중동을 비롯한 저질언론들은 세계 제일 K-방역에 딴지를 걸고 백신과 얽힌 제약 재벌사의 마름이 되어 갖은 교설을 다 떨더니, 최근 유가 부수 조작이라는 파렴치한 행위의 극단을 보이며 스스로 일세기 넘는 적폐 언론임을 만천하에 과시했다. 구독자 부수를 속여 광고주로부터는 자본의 탈취를 공공 홍보라는 미명 아래 국가로부터는 허위 보상금을 챙겨 그간 수십조 우리 혈세를 갈취한 국민 사기 집단을 전 민족의 이름으로 규탄한다.

인류의 모든 언어 가운데 가장 과학적이고 우수한 한글 활자를 박아 100년 넘게 대변을 쏟았던 돼지 언론들의 신문지가 급기야 근동 여러 나라의 가구를 싸고 꽃을 싸고 먹거리를 싸는 포장지로 불티가 난다니, 세종대왕께서 저-지하에서 통곡하시는 소리 들리지 않는가! 킬로당 500원 한다는 대한민국 쓰레기 언론의 뜯지도 않은 신문지 수출은 제가 발행하는 신문이 전면 쓰레기임을 스스로 증거, 자처하는 일로서 고매한 우리 문화민족의 자긍심에 총포를 난사하며 오천만의 얼굴에 숯불을 끼얹고 선진 대열의 국격에 여지없이 손상을 입혔음에 통탄을 금할 수 없다.

급기야 양대 보궐 선거에 민주진영이 패배함으로써 지금 서울의 도심은 흡사 파시즘의 재등장을 보는 듯 악한 세력들의 할거에 간담이 서늘하다. 이런 가운데 5 · 18 항쟁 북한개입설이 완전 날조였음이 장본인으로부터 엊그제 선포됨으로써 수십 년 제 국민 학살범과 언론이 한 패거리였음이 백일하에 드러나고 말았다. 이제야말로 최악의 두 뿌리를 같이 묶어 민족의 이름으로 반드시 처단해야만 한다.

부패한 권력으로 탄생한 언론의 사생아들, 북한 침투라는 사기 조작 보도, 수십 년 허위 보도의 재생산으로 민주진영에 극심한 타격을 입히고 독재의 원흉을 지키기에 스스로 방화벽이 되고 방탄유리를 자처했었던 채널A와 TV조선 등 종편 채널은 해체하고 그간 나라와 민족 앞에 얼마나 해악을 끼쳤는지 석고대죄하라!

일찍이 애타는 백성 한을 풀기에 눈이 짓물러 가면서 세종이 창제하신 문자로써 제 민족의 얼과 혼을 빼앗기에 혈안이 된 악의 화신들이여! 그 성스러운 언어로써 악의 편을 들고 제 조국 패망의 선봉에 선 하급의 언론들이여! 공정과 공의 실현에는 관심 없이 쓰레기 적폐 언론의 시녀가 되어버린, 유명무실의 방통위와 방심위도 해체하라!

또 한 개검과 유착된 언론으로 인하여 공수처 설치는 얼마나 지난한 과정을 거쳤던가. 공수처 출범 후 지금까지 고소 고발된 사건이 1,040건이나 되는 가운데 교육 민주화에 헌신했던, 국민으로부터 그 임무를 엄숙히 위임받은 민선 교육감을 공수처 제1호 사건으로 수사한다니 시민사회의 실망을 넘어 도저히 묵과 간과할 수 없는 일이 벌어지고 있다. 이는 여전히 활개 치는 쓰레기 언론, 청산되지 못한 우리 사회 100년 넘은 악의 연쇄 고리가 전방위적으로 작동하고 있음을 웅변하는 것이다.

일제패망 75년이 넘었건만, 역사 정의를 바로 세우지 못함으로 인해 민족분열과 계층간 불신은 더욱 깊어져만 가고 부조리와 불의가 만연한 가운데 반민족적 언론은 끊임없이 민주정권의 전복을 꾀하는가 하면, 재벌에 기생하여 생산자층인 노동자 농민에게 좌절을 안기고 있어 국가의 기틀을 뿌리째 흔들고 있다.

외세에 복무하는 매국매족 언론들은 지구촌 최악의 전범국 미국 편에 서서 우리 통일을 저지하고, 분열을 조장하며 한미군사훈련 중단을 전면적으로 가로막고 있다. 또한 방사능 오염수의 태평양 방출은 다시는 회생 불가능한 바다는 물론 지구촌 전 생태계가 다시는 돌아올 수 없는 다리를 건너는 일이니, 현존하는 78억 인구가 공분하고 있는 이때 마셔도 된다는 일본 정부의 손을 들어주고 있는 조선일보는 일본으로 건너가 일본국민과 오염수로 날마다 축배를 들고 자손만대는 영원히 오염수를 애용하여 태평양에는 절대 방류하는 일 없어야 할 것이다.

정의를 살해하고, 자고 나면 민주와 평화를 처형하고 평등과 평화의 숨통을 조이는데 골몰하는 너희들이 과연 얻는 것은 무엇인가! 자신들이 목표하는 정쟁의 선량을 어떤 필설로 모독할까! 끊임없이 마녀사냥에 쾌재를 부르며 내일은 어떤 정의로운 투사를 족쳐 십

자가에 매달까를 고심하는 불의와 불법의 생산자들이여! 그대들이 가는 길은 궁극적으로 매국매족, 인류패망의 길임을 자각하라!

조중동을 비롯한 기레기 언론을 끝장내고, K-방역의 일등 국가로부터 세계는 다시 일어설 것이며 〈조중동폐간 무기한 시민실천단〉으로부터 팍스코리아나 시대가 도래할 것이다. 자본주의에 굴복한 서방 글로벌 언론이 외치는 대로 받아쓰기만 하는 국내 쓰레기 언론, 자본주의에 기생하는 저열 저급한 언론은 폐간 폐방하라! 기아와 난민을 배설할 뿐인 매판자본이여 지구촌에서 물러가라!

구석기 시대 그 이전부터 극도의 자연재해 앞에서도 인류는 최고의 선을 향해 진화 진행해 왔다. 그러나 늘 최고의 선이 아니라 최고의 악이고자 했던 우리 민족 백 년 넘는 역사를 유린한 원수 언론은 저녁마다 살생부를 작성하더니, 이제 스스로 파시즘 정권 재창출의 일등공신 되고자 혈안이 되어 전 방위적 행보에 들어갔으니 우리는 정신 차려야겠다.

지난 보선은 민주진영에 드리운 먹구름이 아니라 덜 깨어난 진실과 정의를 깨우려 함이었으니 홍익인간의 뜻을 받들어 범국민적 조국애를 각성, 촉구시키는 것이었으니 세계사에 유례없는, 대동 세상을 꿈꾸는 촛불혁명의 거족적 행보들이여, 다시 집결하라!■

# Pax Koreana로 가는 길 - 5 · 18 영화제 출품작

Pax Koreana로 가는 길 - 5 · 18 영화제 출품작

남녘으로부터 꽃소식 들려오더니
여기 광화문에도
분홍색 앵초와 노란 수선화 만발했는데
그들은 삭막한 빌딩 숲 아래 무엇하러 모인 것일까

▲망월동 묘역에서

지난해는 족벌 두 신문, 조선과 동아일보가
민족정기를 유린하며 오는지 100년 되는 해였다.
청산하지 못한 역사의 그늘은 깊어만 가고
사지로 내몰린 우리의 고운님들 아직도 구천을 헤매고 있는데
외세에 종노릇하는 권력과 자본의 나팔수
날이 갈수록 기승을 떠는데 우리는 그간 독재 몰아내느라
한강의 기적 일으키느라 정신을 파는 동안
우리 사회 적폐의 원뿌리는
더욱 무성해졌으니 어이하랴!

언어의 무저갱에서 금궤를 건져 올리기 위해
천 개 갈라진 그들의 혀는
분수처럼 사악을 뿜어 올리고
금과 권력을 캐기에 밤이면 짬짬이 모여
음모와 모략 권모와 술수의 괭이질 하고 있으니 어쩌랴!
수십 년 이들이
생산 가공 유통하는 허위 보도에
전 인민들 청맹과니 되어 갈 바를 모르니 이를 어쩌랴!

이들을 간과하고는 나라의 미래, 민족의 번영
요원해져 더는 좌시할 수 없는 시민들로
〈조중동폐간을 위한 무기한시민실천단〉이
2020년 새해 그 탄생을 맞았다.

그들은 휴일도 반납했다.
폭염이 계속되는 오뉴월 염천, 벼락 때리는
하늘 아래서 피켓을 들고 혹한, 그 겨울의 표상에는 굴복할지
언정
정녕 불의에는
결단코 맞서리라 다짐하던 500여 일!
지난한 현대사를 걸어오는 동안 산화한 동지들 사막에 묻고
오늘도 터벅터벅 길을 내며 길을 가는 우리는
이 사회에 또 하나의 낙타!
여든 고령도 하루도 쉬지 않고 외친다!
불의는 가라 사이비는 가라
거짓과 왜곡 편파는 가라, 껍데기는 가라!
민족 반역도들은 가라!
아직도 잠자고 있는 시민사회에 새벽종 울리고 있다

300일 기자회견과 1주년 기념 기자회견 등
기레기 언론의 전형 조선일보 앞에서의 앙천 타도
사이비 언론들이 뿌린
언론의 사생아 TV조선을 비롯한
종편 채널 승인 취소를 외치며 노숙 농성에 돌입
과천 방통위 앞에
텐트를 펼쳐 칠성급 호텔을 짓고
돌아가며 밤샘을 하고 백발이 늘어가는 것을 괘념치 않았다

별들이 쏟아져 내릴 것 같은 청천을 우러르며
한 점 부끄럼 없기를
밤들을 새우며 윤동주의 서시를 읊조렸다.

자본과 악수하고 독재 권력과 혼인하여
불의의 서자들
불법의 사촌들 활보하는 거리에서
지난 3월 26일, 오랜 세월 언설로 대변을 쏟아내던
조선일보 중앙일보 동아일보를 비롯한 저질 언론들
드디어 유가 부수 조작이라는
전대미문의 사기행각이 드러나
〈시민실천단〉을 선두로
민족의 이름으로 언론 화형식을 감행, 오늘을 맞는다.

처음에 열도 안 되는 몇몇이 모였을 뿐이니
인원도 그렇거니와 넉넉한 것이 무엇이 있었으랴!
오로지 동지들의 믿음과
사진을 올릴 수 있는 각자의 휴대폰 뿐!
주변 지인들의 오다가다 지원에 의존
단원들이 십시일반 참여하여 피켓도 만들고 현수막도 치고
턱없이 부족한 현실을 채워 나갔다
어려우면 어려운대로 난관이 거듭될수록
더욱 동지애는 두터워진다지만
사악한 언론의 개혁은 이 시대 구성원의

시급한 권리요 역사적 의무이다.

사재를 털어 몇몇이 하는 운동에서 이제는
모든 시민이 동참 확대하여 훼손된 민족정기를 바로 세우고
언론은 직무유기에서 벗어나
정론 직필의 사명을 다하도록 새 시대를 열어야 할 것이다
진실과 정의
어떤 무력 앞에도 흔들림 없이 항거할 수 있는
서릿발 같은 기상으로 새로이 고고성을 발하는 날이
속히 와야 하리라.

그런데 언론의 부패상은 대한민국뿐일까.
소위 세계 글로벌 언론들도
지구촌을 향해 패악을 저지르는 악의 화신이 되었으니 이를 어쩌랴!
인종청소의 선국 미국과 일본의
시녀로 전락한 메이저 언론!
지역민을 교란 분열, 전쟁광들을 위한 금관악기의 나팔수!
메이저 제약회사와 결탁,
백신 신화에 눈이 먼 세균전의 나팔수!
비대면으로 가는 사회를 꿈꾸며
인류의 노동, 일자리를 빼앗는 인공지능의 나팔수!
이제 암흑의 권좌에 앉아 사악한 혀로
세계를 지배하는 대마왕을 처단해야 한다.

자유로운 질서를 파괴하고 평등과 평화를 감금하고
민주와 인권을 결박하는데 앞장서는
전쟁광들의 꼬붕이요 시녀!
언론 떼까치 무리를 분쇄하여 지구촌에서 영원히 추방하고
자본주의가 배설한 기아와 난민 없는 세상에서
마소를 키워 뛰놀게 하고 보리와 밀을 심어 추수하고
총알이 난사되던 곳에
샘물을 퍼올리고 꽃동산을 가꾸며 살자꾸나!!

이제 K-방역의 일등국가, 대한민국 5천만이 불을 붙인
동방의 횃불 지구촌을 밝히노라!
드디어 21세기를 선도하는 Pax- Koreana 시대가 왔다.
〈조중동폐간 무기한시민실천단〉을 시작으로
평화를 사랑하는
지구촌민 80억 착한 민중들이여!
광고주라는 전범 자본에 판판이 굴복한
사악한 언론들 나팔 모조리 용광로에 녹여
민주와 정의, 평등 평화의 금자탑을 세우자!

## 일본 왕이라는 작자부터 한 잔씩!!

일본 왕이라는 작자부터 한 잔씩!!

오늘은 2021년 4월 24일, 녹두장군 전봉준 님께서 평생 바른 길을 걸었건만 반역죄로 참담하게 교수형을 당한 날이다. 방사능 오염수 방류라는 유사이래 가장 사악한 인간의 범죄가 전 지구촌을 향해 발포된 후 대학생 청년들이 그 사악한 짓을 멈추게 하기 위한 행동에 돌입하는 날이요, 마침 일본 전범기를 찢는 퍼포먼스를 감행한다는 날이다.

한미평화협정체결 반대 집회가 오후 2시부터 미국 대사관 건너편에서 있었다. 〈조중동 폐간을 위한 무기한 시민실천단〉 일행들과 함께 이동하여 집회에 참석했다. 민주진영이 보궐 선거에 패배하고 나자 태극기를 붙인 광화문 악귀들이 눈에 띄게 극성들이다. 집회를 하는 동안 자전거 한 대가 등 뒤에 딱 붙어 꼼짝하지 않고 우리를 방해한다. 잠시 양쪽 언쟁이 있자 경찰들 20여 명 달려왔으나 바닥에 본드를 붙인 듯 헬멧을 쓴 사내는 옴짝도 하지 않는다. 실랑이하는 사이 자전거 사내가 몇 마디 하자 파리가 날아가듯 경찰들이 모두 흩어졌다.

"저것들은 분명 악귀야!

누가 뒷돈을 대는 걸까?

미국 CIA? 자칭 세계민주화진흥회(NED)라는 미 국무부 산하 기구?

아니면 일본 전쟁광들이겠지. 그리고 국짐당에서 당연히 돈이 나오겠지!

아니면 재벌들?

먼저도 관제데모 때 뒷돈을 댄 것이 전경련이라고 자기들이 자백했잖아!"

대학생들이라고 해봐야 몇명 보이지 않고 한 열 명이나 넘을까? 일반 시민이 모이는 것도 저조한데 대학생이라고 많이 모이겠는가? 얼마나 비리비리하게 말랐는지 고작 고교생 같은 청년들이 동원된 경찰들과 몸싸움이다.

"시민들! 소통에 불편을 주는 시민은 연행하겠습니다. 거기 막지 말고 비켜주십시오! 인도로 올라서 주십시오!"

"아니, 경찰들이 인도를 점령하고 차도로 시민을 유도하면서 저 방송은 뭔 소리를 하는 거야!!"

"공권력이 불법을 저지르고 있다. 시민의 통로인 인도를 경찰들이 막고 서서 시민으로 하여금 불법을 저지르도록 유도하고 있다. 이 불법을 저지르는 경찰은 누가 잡아갈 것인가?"

대체 대학생들이 성명서를 낭독하고 일본대사관에 전달만 하고 가겠다는데 종로경찰서는 많이 모이지도 않은 시민을 왜 가로막

고 서서 공권력을 행사하는가!

"종로경찰서장 네가 오염수 마셔라!

종로경찰서장을 해임하라!

대한민국 경찰이 아니라 얘들은 일본 경찰이다.

마셔도 된다는 오염수 일본 천황이 마시고 멀쩡하면 방류하라!!

마셔도 된다니 그 방사능 오염수 일본인들이 아침저녁으로 보약처럼 마셔라!

일본국민이 앞으로 500년 동안 아침저녁으로 마시고 영생하기 바란다!!"

바리케이드가 끝나는 인도에는 〈진대연〉 학생들이 프린트해 온 전범기를 나누어 주며 체온을 체크 하고 서명을 받고 있었다. 그

옆으로 버스킹 하는 기타맨들과 노래패들 대여섯이 스탠드 마이크를 준비하고 돌아가면서 일반 시민을 일깨우고 위로하는 노래를 부른다. 이십 명도 안 되더니 〈조중동폐간 무기한 시민실천단〉이 합류하고 일반 시민들이 버스킹하는 앞으로 모여들었다. 그래도 일반인은 줄잡아 50명도 되지 않았다.

정의를 바로 세우기란 이렇게도 어려운 것이다. 민주를 온전히 지켜내기란 이렇게 요원한 것인가. 대체 일본은 방사능 오염수 방류를 왜 결정한 것인가! 노 아베, 노제팬 운동 시작된 지가 얼마나 됐다고 일본은 하는 짓마다 어쩜 그리 밉고 고약한 짓만 골라 하는지.

이웃 나라 우리 국민보다는 일본국민 자체가 깨어나서 제나라 정치권의 군국주의, 정신 빠진 제나라 정치권의 팔굉일우八紘一宇의 망상을 깨부숴야 할 텐데, 이 노릇을 어이하랴!! 서울의 소리 백은종 선생도 언젠가부터 버스킹 하는 곳에 합류하여 몸을 흔든다. 두 차례나 돌아가는 노래가 끝나고 시민 한 분이 마이크를 잡는다.

"방사능 오염수 방류라는 뉴스에 이를 저지하기 위해 삭발을 하며 나선 대학생 청년들께 우선 감사의 말씀을 전합니다. 이미 많이 파괴되었으나 지금 마지막 숨을 몰아쉬는 우리 지구를 지켜내기에 분연히 일어선 여러분 감사합니다. 이제 방사능 오염수가 방류되고 나면 인류의 미래는, 지구촌은 온전히 현재의 생태계가 유지 된다고 볼 수 없을 것입니다. 저들은 아마도 이 지구를 다음 세대에 넘겨주어야 할 의무와 책임이 없다고 생각하는 모양입니다.

바이러스로 인한 팬데믹 상황이라 지금 인류는 더 극한 상황으로 몰리고 있으나 그럴수록 한 바가지의 생수를 나누어 마시고, 우리는 더욱 공존의 묘를 터득해야 할 때입니다. 부를 창고에 쌓아놓고 풀지 않는, 잉여의 곳간을 누가 더 많이 갖고 있는가를 경쟁할 뿐인 자본주의는 기아와 난민을 배설하는 지구촌 욕망의 마지막 열차입니다.

삭발을 감행한 여러분께 저는 어떤 것보다 당부드릴 말씀이 하나 있습니다. 그 옆의 옆에 함께 하는 여러분은 이미 세상에 드러났기에 여러분에게 괴질을 전염시키기 위해, 여러분을 금력으로 변질시키기 위해 검은 손과 검은 돈들이 접근해 올 것입니다. 민주화 시위대의 리더, 홍콩의 〈죠슈아 웡〉도 CIA로부터 검은돈을 받는 미국의 앞잡이였던 것이 드러나지 않았습니까! 민주화를 가장한 폭력시위를 유도하는 배후가 미국으로, 홍콩 시위대의 리더였던 것이죠. 그 죠수아 웡처럼 여러분 중에 검은돈에 넘어가 오늘의 이 엄숙한 결의를 벗어나 동지를 배신하고 나라를 팔아먹고 제 민족의 등판에 칼을 꽂는 일이 진보 대학생 연대, 여러분 조직 속에서는 절대로 일어나지 않기를 빌어 마지않습니다.

예민하게 성찰하고 초지일관하시기를 간곡하게 당부합니다. 우리의 미래는 누구의 것도 아닌 당신들의 것입니다. 수억을 준다고 수십억을 준다고 거기에 넘어가지 마십시오. 수억이나 수십억은 여러분에게는 큰 돈일 수 있습니다. 그러나 금품에 당신들의 고결한 영혼을 팔지 마시기를 간곡히 당부합니다.

조선일보는 여전히 전문가들의 말이라며 오염수 방류 괜찮다는 쪽에 손을 들었습니다. 우리나라 조중동은 말할 것도 없이 세계 메이저 언론 역시 모조리 금권에 굴복했다는 전언입니다. 우리가 믿고, 사실과 진실 그리고 정의를 만나는 일은 여기에 모이신 올곧은

유투버들 뿐입니다. 지금과 같이 고결한 뜻으로 우리 조국을 이 지구촌을 사수하는데 우리 모두 한마음 한뜻이 됩시다."

돌아오는 길에는 요소요소마다 길모퉁이마다 대학생들이 일정 거리를 유지하고 피켓을 들고 서 있었다. 해방을 맞았다고는 하나 바로 일어난 한국동란까지 겹쳐 당시 전 세계 가장 빈국이었던 우리! 전후 허리띠를 졸라매고 폐허를 일으키는 일에만 힘을 쏟고 경제적 부를 일구기에만 일로매진一路邁進한 결과 우리는 후세대에게 역사정의를 가르치는 일에 때를 놓치고 지금에 이르렀다. 우리의 청년 동지들에게 부패와 불의, 부정과 불공정이 낳은 불평등, 불균형의 사회를 넘겨주는 것 같아 미안한 마음 금할 길이 없다. ▪

# 폐기 처분해야 할 전관예우

폐기 처분해야 할 전관예우

대한민국에 코메디언 개그맨 혹은 소설가, 배우 다 죽었다. 만인은 법 앞에서 평등하다는 존엄한 진리로 좌로나 우로나 치우치지 않고 하늘의 대리자로써 엄정한 법 집행을 해야 할 사법부가 개 같은 검찰에 이어 양형 장수로 전락한 것이 만천하에 드러났다. 이건 코메디 중에서도 개들에게 던지는 개털 코메디다.

바로 한두 주일 전 동양대 정경심 교수의 표창장 위조라는 검찰의 허황한 주장에 사법은 검찰에 발을 맞춰 4년 징역형이라는 셋트 메뉴를 당당히 내놓았다. 더구나 정경심 교수에게 양형을 때렸던 같은 재판관이라니 더더욱 경악을 금치 못한다. 검찰은 행정이요 재판은 사법인데 이들의 호흡이 어찌 그리 척척 맞는지. 변호인단이 정황과 증거를 빠짐없이 들이대도 청맹과니 행세로 일관하던 검찰과 함께 개혁하지 않으면 안 되는 적폐의 우선 과제 중 하나로 사법은 스스로 공수처라는 검색대로 자진 들어갈 길을 택하고 말았다.

그렇다면 동일한 재판관은 과연 이재용 파기환송심의 양형을 얼마를 때릴까. 86억 이상의 뇌물공여와 횡령 등의 중범죄를 저지른 자에게는 최소한 무기나 혹은 100년 징역형도 너무 낮은 수위다! 그러나 그는 2년 6개월이라는 가랑잎보다 더 가벼운 형량으로 사법의 방망이가 내리친 것은 죄수를 향한 형량이 아니라 전 국민의 뒤통수였다. 위조하지도 않은 표창장 한 장에 4년을 때린 자가 전 국민의 노후자금까지를 꿀꺽한 자에게 형량 2년 6개월이라니! 먹이를 찾아 산야를 뒤지던 들개들조차 웃는 소리가 하늘을 찌른다.

사냥터에 먹잇감을 몰아주는 몰이꾼 기레기 언론과의 삼박자로 이들은 무리 없이 법망 자체를 스스로 치거나 걷거나 흑역사를 새로이 쓰고 있다. 시민과 사회에 불안과 혼란을 가중시키며 함께 불의한 길을 걷고 있어 큰일이 아닐 수 없다. 그런데 이 사냥터에 먹잇감, 다시 말해 돈을 뿌려놓는 또 하나의 대도 재벌들이 있어 이 강고한 구조적 비리를 무슨 수로 끊을 수 있을까.

이제 이들이 먹잇감을 사냥하러 가는 길을 원천 봉쇄해야 한다. 늦었다고 판단할 때가 빠른 법이다. 공수처로도 안심할 수 없다. 정권과 하나가 되었던 정경유착, 정언유착, 검언유착의 고리를 끊을 수 있는 것은 법을 개정하는 수밖에 없을 것으로 판단된다. 비리로 옷을 벗은 검사와 판사는 변호사 개업 자체를 할 수 없게 법으로 정해야 한다. 비리가 들통 나서 옷을 벗어도 이들에게는 전관예우라는 더 거대한 사냥터가 기다리고 있기 때문에 그렇다. 법복을 벗은 기념으로 첫수임 사건의 수임료 50억이라는 돈은 살인자도 피해자로 둔

갑시킬 수 있는 거액이다. 이 거액의 관행은 당연히 대기업이나 재벌들이나 감당할 수 있는 단위다.

그러니 파기환송심을 맡은 판사가 그의 전관예우가 물 건너갈 것이 뻔한데 무기나 100년 등, 중징역형을 때리겠는가. 이 물신 사회에 양심이라는 잡히지 않는 오리무중을 기대하는 것 자체가 어불성설이다. 신출귀몰한 재주로 남의 지갑을 빼내는 쓰리꾼, 꽃제비가 지옥철에 있다면 서초동에는 먼지털이 개검과 방망이 하나로 좌판의 양형을 내놓고 파는 양형 장사꾼 사법이 있다. 그러므로 정교한 법개정으로 이들에게만 제공된 거대한 사냥터로 가는 길, 전관예우라는 사회적 퇴로를 원천 봉쇄해야 할 것이다.

성경에도 세리가 나오는 대목이 있다. 예전 세무공무원 1년이면 양옥집 한 채는 떨어진다는 말처럼 당시 히브리에서도 부패가 만연했었는지 밥도 같이 먹지 않아야 할 천한 직업 중 하나로 세리를 지목하고 있다. 이제 우리도 인식을 바꿔야 할 시점이 아닐까! 이 시대 가장 저질의 직업군으로 검사 판사, 그리고 쓰레기 언론이며 기자들 그리고 국회의원 순으로 말이다. 마담뚜들의 빼곡한 수첩에 가장 신뢰성 없는 직업군, 가장 저질의 가문이며 일등 신랑감이 아니라 가장 기피하는 신랑감의 명단에 검사 판사 그리고 사냥터의 몰이꾼, 기레기 가문, 국개원 가문들이 등재되는 날이 올지도 모른다!! 똥을 핥는 똥개처럼 돈 앞에서 영혼을 팽개친 그들에게 그런 날이 그런 사회가 빨리 올수록 좋은 일이다.

"고르세요, 고르기만 하세요. 죄지으신 분들 걱정하지 마세요. 대한민국은 정말 살만한 나라 죄인들의 천국이요 지상낙원이죠. 얼마나 착한 검사와 판사가 많은지. 죄지은 사람들 특히 긍휼히 여기죠. 살인을 하신들 무슨 걱정이세요. 나라의 곡간을 텅텅 비게 한들 걱정 붙들어 매세요. 대도일수록 우리의 검사님과 판사님들 좋아하고 말고요. 줄만 잘 서면 만사형통 서초동은 줄 서는 마을, 무슨 줄이냐구요? 무슨 줄이라니요, 방망이 사는 줄 아닙니까.

이들이 백주에 무사들의 호위 받으며 당당하게 금괴를 마차에 싣고 달려올 때 개언론의 나팔수들은 요란하게 빵빠레를 불어댄답니다. 방망이 사러 그들은 서초동으로 입성하지요. 방망이 나가신다 뚝딱- 사라져라 살인죄! 이 방망이 50억, 저 방망이 일백억! 누구든 어떤 죄를 지었든 고민하지 마세요! 돈만 갖고 오시면 100년도 1년짜리 방망이로 내려치면 된다고요. 대한민국 판검사는 착하기도 하시지! 특히 큰 도둑과 중죄인을 좋아 한다네!"

## 아베가 선사하는 백색 테러!

아베가 선사하는 백색 테러!

1592년 임진년에 발발했던 왜란부터 시작한다면 실로 왜구는 500년 이상을 우리의 안전을 위협하고 있다. 토종벌을 습격하여 갈무리한 남의 농사를 수탈하고 주인의 목을 가차 없이 잘라버리고 애벌레까지 잡아먹는 말벌과 같이 이웃 나라 일본은 예나 지금이나 우리 민족의 원수임이 분명하다. 일제 36년으로 우리는 바로 이웃국 일본이 얼마나 극악무도한 강도국인가를 처절하게 겪어 왔다. 그런데 이번에 가깝게는 을사늑약이 있었던 그때로부터 지금까지 늘 수세에 몰리던 우리나라에 일본이 또 한 번의 테러를 가하고 있으니 바로 얼마 전에 있었던 화이트 리스트 배제다.

그로 인해 온 나라는 들끓고 국민은 다시금 거리로 뛰쳐나와 전범국으로써의 사죄는커녕 터무니없는 일본 아베 정부의 처사에 분통을 터뜨리고 홍분하고 있다. 지금 들불처럼 일어나고 있는 〈노 제팬〉 운동은 가깝게는 2016년의 촛불혁명, 멀게는 동학혁명을 방불케

하는 국민의 결집된 행보를 보이며 전국을 강타하고 있다.

그러나 일본은 뭔가 착각하고 있다. 지금은 그네들 강점 당시 만경 들판에서 군산항에서 우리 농민의 피같은 쌀을, 황금을 당당히 실어 내가던 시대가 아니다. 1990 년대 초, 전 세계에서 국민 1인당 소득 3만 달러를 최초로 넘은 나라는 일본이었다. 일본은 2차 대전에서 패망했으나 뒤를 이은 한국전쟁 발발로 인해 전쟁물자 조달로 급속히 일어섰으며 자동차를 비롯한 첨단 가전 기술로 세계를 석권하면서 7,80년대 일등 국가의 면모를 유감없이 발휘했던 것 아닌가.

그런데 당시 겨우 8천 불이던 우리나라 국민소득은 지금 3만1천 달러에 달했는가 하면 일본은 30년 가까운 세월 동안 겨우 8천 불의 성장을 보이는데 그쳐 현재 겨우 3만9천 달러에 이르렀다고 한다.

그렇다면 그들은 그간 무엇을 했을까. 언젠가부터 굵직굵직한 일본의 가전 사업체의 이름들이 우리 뇌리에서 사라졌음을 기억해야 한다. 히다찌, 이스즈, 미스비쉬, 미쯔이, 닛산, 도요타, 아사이 팬탁스, 캐논, 소니 등 카메라, 밥통, 게임기, 자동차, 믹서기, 오디오, 트랜지스다 라디오 등등… 알고 보니 그들은 이후 모두 폭격기를 비롯한 살상 무기의 개발과 부품산업으로 돌아섰다는 것 아닌가. 그 전범 기업들이 생산해 낸 부품을 가져다 미국은 완제품을 만들어 매년 수십조씩 남한에 팔아먹었다고 하니 동맹국이라는 미국과 일본은 한반도 전쟁 공포팔이로 영원한 노다지를 이웃국에 설정한 셈이다.

그리하여 다른 산업과 기술개발에 힘을 기울이지 않고 한반도에서 단 꿀을 빠는 동안 일본의 기술은 뒤떨어지고 경제는 낭떠러지를 향해가고 있으며 일본이 전 세계 교역국 가운데 무역 흑자를 내고 있는 나라는 오로지 대한민국 하나라는 것 아닌가. 그러니 우리나라가 무기를 수입하지 않는다면 일본의 경제는 휘청할 것이다. 그래서 그들은 끊임없이 남북한이 으르렁대고 한반도에 일촉즉발 전운이 감돌기만을 학수고대하는 것 아닌가. 그런데 마침 국내외 모든 경제 전문가들이 급속히 다가올 일본의 패망을 역설하고 있는 때 우리나라에 물건을 팔지 않겠다고 하니 우리에게는 이번이 절호의 기회다.

박정희 전 대통령 집권 기간에 이루어졌던 1965년 한일청구권 협약이라는 노예 문서로 인해 질질 끌려다니던 대한민국이 이제야 일본으로부터 자유로워져 거침없이 기술개발을 할 수 있고 당당한 외교권을 행사할 시기가 도래한 셈이다.

전 세계의 IT 산업을 석권하고 있는 삼성이 일본에서 조달하던 원재료를 미주를 비롯한 유럽국가에서 100% 전량 수입할 계획이라고 엊그제 발표한 바 있다. 화이트 리스트에 해당하는 품목이 1000가지를 넘는다고 하나 이제는 우리가 만만한 이웃이 아님을 보여주겠다고 대통령을 비롯한 관계부처가 철저한 대비로 옹골차게 대처하고 있으며 범국민적인 실천과 실행이 매일 언론에 넘치게 보도되고 있다.

그런 가운데, 반면 아베가 궁지로 몰릴까 봐, no 제팬 운동이 길게 갈까 봐 전전긍긍하는 그룹과 개인들이 속속 드러나고 있다. 정치권에서도 아베를 대표하는 일본의 전범 기업과 극우세력과 궤를 같이하는 국내 친일파와 서북청년단의 뿌리가 자신들이 풀어놓은 그물에 제 발이 걸려 생난리를 치고 있는 꼴이라니. 교묘하게 정체를 가리고 막말과 매국적 발언을 쏟아놓더니 이제 체에 걸러진 불순물처럼 정체들이 드러나고 있으니 그들의 척결은 가히 시간문제로 다가왔다.

더구나 어부지리로 얻은 것은, 우리 현 정권에 철퇴를 가하고 위축시키려던 아베의 액션은 내년 총선에서 매국당과 함께 완전한 승리를 구가하려던 그들의 음모였음이 여실히 드러난 것이다. 남북한은 비핵화를 하지 않아야 하며, 남북한은 통일이 되지 않아야 하며, 남북한을 비롯한 세계가 평화로 가지 않아야 일본이 한국을 비롯한 전 세계에 지속적으로 무기를 팔아먹으며 그들이 이미 만들어놨다는 5,000개가 넘는 우라늄을 핵으로 만들어 팔아먹을 것 아닌가. 그래서 그들은 매국당을 지원하며 자국의 불익을 감수하면서까지 한국의 부패한 정권, 적폐의 원뿌리를 부활시키고 현 정권을 무너뜨리려는 어리석은 획책을 감행하고 있는 것이다.

괘씸하기 그지 없지만 한국을 향한 아베의 백색 테러는 신의 한 수다. 우리는 그를 쾌척으로 받아들여야 한다. 우리는 이번 기회에 일본에 의존적인 산업체계를 바꿀 필요가 있다. 일본의 부품으로 완제품을 만들어 팔던 종전의 구조를 바꾸고 우리나라 중소기업을 육성하는 것으로 산업계의 체질개선이 급선무가 되어야 함은 자연스럽게 찾아온 절호의 찬스이며 시대적 행보다. 다만 노동력이 값비싼 인도를 비롯한 동남아 지역에 건설하던 대기업의 투자가 국내로 향해야 할 것이며 그 임금의 격차를 기업과 노조와 정치권이 풀어간다면 우리나라가 회생할 시대적 축복이 다가온 셈이다. 청년 일자리는 늘어날 것이며 실업은 감소 될 것이다. 대한민국 사상 초유의 200조에 달한 지난 해의 무역흑자와 더불어 좋은 영향력과 여파는 우리의 경제를 더욱 풍요롭게 할 것이다 .

대부분의 언론은 물론 전 세계가 일본의 자본과 영향력으로 극우화되고 있는 이때 아베의 오만방자한 행동은 터무니없이 우리 경제에 타격을 입힌다는 점에서도 단호해야 하지만 전 세계의 경제 흐름에 역행하고 해당 국가로 하여금 불이익을 초래하고 위협을 가한다는 점에서도 세계는 절대 용납할 일 아니다.

종전 19, 20세기에는 화약과 물리력으로, 지금은 경제 흐름의 역행으로 방법을 달리하고 있으나 아베를 대표하는 일본 극우세력의 가상 시나리오는 여전히 악하고 간교하니 불쏘시개로 아궁이에 쳐넣어야 한다. 일본이 타국에 대한 침략을 꿈꾸고 식민지를 생각하는 제국주의적 발상은 인류사의 퇴행이다. 타국 말살 정책으로 자국의 국민을 먹여 살리고 부강한 나라의 건설이란 이제는 없다. 이는 적자생존이라는 찰스 다윈의 생물학적 논리를 인간사에 적용시킨 미개한 발상으로 비롯된 것이니, 지금과 같이 지구촌이 하나라는 거미줄처럼 얽히고설킨 다면적이고 다변화하는 글로벌한 사회에서 더구나 어불성설이다.

인간은 원시사회부터 인구의 증가와 함께 점진적인 분화와 진화를 지속하고 있다. 자연 발생적인 지역적 토속 샤머니즘에 생사를 맡겼던 고대를 거쳐 인간애와 보편성의 가치체계로 근대화된 지구촌 사회는 공존과 공영을 기반으로 하는 평등과 평화가 궁극적 목표가 되어야 할 것이다. 그런 의미에서 이번 기회에 일본을 철저히 응징해야 하는 것은 대한민국은 물론 전 세계인의 시대적 소명이며 사명이다. ▪

# 밀정密偵과 저격수- sniper

밀정密偵과 저격수- sniper

지난 독재정권과 야합하여 가짜 뉴스와 왜곡된 보도로 전 국민을 우롱하던 KBS가 오랜만에 특종을 터뜨렸다. 임시정부 수립 100년, 광복절 74주년을 맞아 이번 8월 15일 특집으로 시사기획 〈창〉은 일본에 복무한 간악한 조선인 밀정을 역사 앞에 드러냈다.

密偵의 밀은 빽빽하다는 기본적인 뜻 이외에 깊숙이 들다, 는 뜻을 동시에 지니고 있다. 아무도 몰래 깊숙이 잠입, 밀착하여 염탐하는 사람을 말한다.

8개월여의 기나긴 취재의 여정 끝에 포획한 천 명에 가까운 밀정에는 청산리 대첩의 총사령관 김좌진 장군의 측근 참모, 〈이 정〉도 끼어있었다니 너무 쓸쓸하고 허탈하다. 안중근 의사와 함께 거사를 도모했던 우덕순도 밀정이었다는 것이며, 김원봉 장군의 측근도 그렇다니 유구무언이다.

조정래 선생의 소설 「아리랑」에도 그렸듯이 이렇듯 일본은 외무성 산하 해외 영사관과 총독부 경무국 소속, 조선군 사령부 소속 밀정을 관리, 거미줄 같은 지하 조직망을 갖고 조선인들의 일상을 손바닥 들여다보듯 했던 것이다.

고등계 순사를 비롯하여 조선인으로써 일제에 부역한 친일파의 채널은 아주 다양한데 자신의 친족 혹은 절친, 자신이 모시는 독립운동 단체의 수장 등 일거수일투족을 환히 들여다보며 한솥밥 먹으며 생사고락을 함께 하는 조직의 동지를 배신하는 행위로 부역자 가운데 가장 간악하고 비열한 행위자가 밀정이었다는 것이다.

또 한 해방이 되자 일시에 이들의 자취가 묘연해진다 했더니 어느새 신분을 세탁하고 국가가 내리는 훈장을 서훈, 애국지사로 둔갑한 많은 이들이 국립현충원 등에 묻혀있다니 이 통분을 어찌하랴!

이들 밀정은 일반인을 상대하는 것이 아니라 불령선인, 다시 말해 불손하게 일제의 명령을 어기고 항거하는 불량한 조선인들을 말함이니, 독립군을 비롯한 독립운동가를 타켓으로 하여 그들의 활동을 저지하고 밀고하고 무산시키려 했던것이다. 제 나라를 떠나 그 척박한 만주까지 가서 나라를 구하고자 목숨을 건 열사와 의사들! 저들의 간악한 밀고와 획책에 얼마나 많은 독립운동가들이 고초를 겪고 좌절하고 실패하고 죽어 갔을까.

우연인지 필연인지 올 2019년 74주년 경축 8 · 15를 2차 대전의 전범, 핵심의 손자 아베가 경제전쟁으로 화려하게 시작하고 있다. 화약과 철을 씹으며 인류의 피를 마셔야 사는 전쟁 괴물의 싸인이 있자 도요새처럼 가장하고 치장하고 국회에서, 군부에서, 사법에서, 검경으로, 사학재단과 기업, 전 교계를 망라한 대한민국의 배후에 거머리처럼 달라붙어 밀정으로 일본에 복무하고 있던 것들이 일제히 아우성치며 한반도를 갖다 바치겠노라 열광하고 있다.

노 아베로 전선을 바꾸자고 목청을 높이는 그룹이 보인다. 노 제팬이 길어질까 겁을 내는 것이다. 숲속에 숨어있던 친일파다. 당연히 친일파가 아니라고 목청을 돋울 것이다. 그 돋우는 세력을 주시해야 한다. 노 아베라니! 아베만 떠나고 나면 해결될까? 절대 아니다. 아베가 떠나고 나면 일본의 극우세력을 대표하는 또 하나의 아베, 전쟁광이 그 자리를 메울 것이다. 우리는 더는 저들의 술수에 절대 놀아나면 안 된다. 저 광분하는 세력이 저렇게 많은 것을 보니 이번 밀정을 보도했던 kbs 특별기획에서 나왔던 말이 생각난다. '그물에 잡힌 밀정 895명이라는 숫자는 조족지혈에 불과하더라.' 가 헛말이 아님을 증명하는 것 아니겠는가. 그래서 우리의 운동은 노 아베 아니고 노 제팬이어야 한다.

이승만을 비롯한 친일파로 인해 반민특위가 무산되고 해방 후 최초의 전 민족적, 전 방위적 선결과제를 이행치 못함으로써 근현대사를 통틀어 우리가 당한 불익은 얼마며 우리 사회의 혼란과 역사적 해악은 얼마인가. 척결하지 못했던 친일은 우리 적폐의 가장 밑뿌리다. 멀쩡한 이웃 나라를 침략하고 필설로 할 수 없는 이 세상 잔혹한 짓을 모조리 자행하고 물러가는 줄 알았더니 미국과 획책하여 일세기 가까운 세월 동안 대한민국을 흡혈하고 있었다니 그간에 쌓인 분통과 억통으로 우리 전 국민은 드디어 포문을 열어야 한다.

진고동에서 베이지 등, 같은 계통의 털로 덮혀 있어 숲에서 눈에 잘 띄지 않는 새가 도요새다. 이 새를 잡으려면 당연히 공중으로 날아오를 때이니 사격에 능한 명포수 아니고는 성사가 어려운 노릇이다. 그래서 스나이프 (snipe)라는 이름의 이 야생 도요새를 잘 잡는 명포수를 서양에서는 스나이퍼라 불렀으며 18세기 후반부터는 저격수라는 단어가 sniper로 통칭 되고 있다.

전쟁광 아베가 싸인을 보내자 숨죽여 있던 밀정들이 한반도의 상공으로 일제히 솟구쳐 아우성친다. 다양한 색깔로 위장과 변장술로 대한민국이라는 숲에 박혀있던 친일 도요새가 날아오르니 그들을 가차 없이 저격할 때는 지금이다.

"가지 말자, 사지 말자, 타지 말자, 일본 술 마시지 말자."

노제팬 운동에 동참하여 우리 국민 하나하나 모두 스나이퍼, 저격수가 되어야 한다. 대한민국의 숲에 숨어있는 밀정, 즉 도요새가 날아오를 때, 저격할 때는 바로 지금이다. ▪

## 정인은 췌장이 끊어지고 국민은 애간장이 끊어진다.

정인은 췌장이 끊어지고 국민은 애간장이 끊어진다.

네 췌장이 끊어지며 전신의 뼈가 골절되어, 목숨 끊어질 때까지 모르고 있었던 우리를 용서하지 말려무나! 수없이 쿵쿵 뭔가 내리쳐져 아래층에서 신고를 하고 또 할 때까지 어떤 조처를 할 수 없었던 저 하늘 이 땅이 부끄럽구나!! 이 처참한 현실 앞에 우리는 왜 살

아야 하며 어떻게 살아야 할지 모르겠다.

사망 열흘 전에도 경찰은 정인이에 대해 신고를 받았다고 한다. 신고를 받을 때마다 경찰이 현장에 출동했으나 정인을 입양한 자들은 너무도 멀쩡한 부모였으며 아비는 방송국에 다니는 사람이고 어미는 아동 인권 전문기관의 종사자라는 것이다. 또 입양된 정인이 친가와 외가, 양가의 조부는 두 분 다 목사님이었다. 누가 이들 가정을 의심할 수 있었으랴!

더구나 도착하자 아이를 끌어안고 통곡하는 양모를 보고 경찰관들도 의심에서 벗어났으며 오히려 경찰을 보고 폭언까지 하는 바람에 경찰은 현장을 속수무책 떠날 수밖에 없었다고 하니 이 상황은 무엇을 말하는 것일까. 그런데 재차 신고가 들어와 해당 관서 경찰은 아동인권 전문기관이라는 〈홀트아동복지회〉에 판정을 의뢰했더니 이 기관에서는 우선 서류상 하자 없다며 현장으로 출동하는 성의를 보였다고 한다. 아동을 분리할 어떤 이상 징후도 없는 건강한 가정이라는 보고를 받았다니 어쩔 것인가. 그러나 같은 상황이 거듭되어 해당 경찰이 그들 결론을 무시하고 분리 시키려 하자 그들은 법대로 해야 한다고 강경하게 나오는 바람에 경찰도 제지당했다는 것이다.

마지막 신고를 받은 열흘 후 정인이는 드디어 목숨을 잃었다. 경찰이 판정을 의뢰하자 분리시키지 못하게 했던 홀트아동복지회로부터 “잘 지내고 있다.”라는 보고를 받고 온지 5개월이 지난 시간이었다. 부검하자 너무 맞아서 췌장은 끊어지고 뼈들은 거의 골절되어 있었다. 그 150일은 우리가 방치한 정인이가 맞아서 죽어가던, 매를 맞고 메쳐지던 나날들이었던 것이다.

그렇다면 이 대목에서 〈홀트아동복지회〉라는 기관을 의심해 보지 않을 수 없다. 죽을 때까지 무자비하게 폭력을 행사하는 가정을 5개월 동안 이상없는 가정이라고 보고한 것은 무엇이고 정인이가 죽자마자 아동 인권에 대해 가장 헌신하는 양 재빠르게 〈정인아 미안해~~〉라는 문구를 만들어 아동인권 캠페인에 돌입했다니 유구무언이요 눈 가리고 아웅이다.

그런데 더 무서운 것은 이 가엾은 정인의 죽음을 두고 검찰과 경찰이 공방을 벌이고 있다는 사실이다. 언론 보도상, 정인이가 죽기 전 살아있을 때 조처를 하고자 노력했던 곳은 검찰보다는 경찰이며 정인은 누가 보더라도 살해당했다. 그런데 검찰은 무슨 이유로 살인죄를 적용하지 않고 실수로 죽인 것처럼 '아동학대치사' 라고 공소장을 날리고 있는 것일까. 또 한 멀쩡히 살릴 수 있는 정황이 세 번이나 있었던 정인이를 경찰의 잘못된 수사로 아이를 죽음으로 몰아넣었다고 검찰은 오히려 경찰권에 왜 생트집을 하는 것일까. 혹시 수사권 기소권 분리가 가져다줄 검찰의 권력 한계에 제동을 걸려는 수작은 아닐까.

초동수사의 미흡으로 정인이를 죽인 것이 경찰이라는 보도에 언론들은 방점을 찍고 있다. 또한 끔찍한 사건이 빈번한 서울을 광고하기에 개같은 언론은 혈안이 된 것처럼 보인다. 인성이 사라진 사람사람들, 사람 살 곳이 못되는 서울 치안도 개판이고 부동산은 다락같이 오르고 이 모든 것이 지금의 등신같은 정권이 원인 아니냐고 귀결시키고 싶은 것이 검찰과 언론으로 보인다. 그러니 서울시장은 어떤 당을 뽑아야 할까, 국민을 몰아세우고 있다.

또한 검찰은 경찰을 도마에 올려 정부 여당의 검찰개혁 의지에 찬물을 끼얹고 국민적 의지를 꺾고 기소권과 수사권을 다시 장악하려는 검찰은 가엾은 어린 생명의 목숨을 놓고 제 세를 장악하는 데 활용하고 있다. 몇달 전 일어난 이 사건을 키핑 해 놓았다가 지금 선거철에 논란하는 것 자체가 언론을 활용한 정치권의 못된 수작임이 분명해 보인다. 검찰과 언론, 그리고 야권이 함께 공조 시나리오를 벌이고 있는 것으로 나는 보이는데 차라리 억측이라면 좋겠다. 그런데 이들의 시커먼 뱃속을 모르는 선량한 시민들은 '정인아 미안해~~' 에 눈물을 흘리며 낚이고 있으니 큰일이다.

그런데 여기서 짚고 넘어가야 할 대목이 또 하나 보인다. 서북청년단이다. 그들의 기원, 그들을 양성한 곳이 최초의 개신교 영락교회였다는 것, 그 목사 한경직이 서북청년단장이었던 것, 6개월을 교육시켜서 군대로 보내고 1년을 교육시켜서 경찰로, 언론으로, 사법으로, 검찰로, 기업으로, 종교계로, 학계로 보내고 이승만 정권의 손과 발이 되어 한반도 이 땅의 인민을 학살하는데 이들의 활약이 대단했다는 것, 제주 4 · 3의 원흉이 그들이요, 여순 민중항쟁의 학살범이 그들이요, 개신교 이단 종파의 원흉도 이들에게서 나왔다는 것은 진즉에 알고 있었다.

그런데 이번에 처음 안 것은 이들이 〈홀트아동복지회〉와도 연관이 있다니 어안이 벙벙하다. 이 아동인권기관의 해외 싸이트 광고에는 "똑똑하고 예쁜 한국 어린이 입양, 2,100(이천백만원)만원!" 이런 문구가 실린다니 정말 끔찍한 일이다.

한경직 목사도 초기에 홀트아동복지회 대표였으며 최초의 대표는 역시 서북청년단의 뿌리를 가진 우리나라 이단 구원파였다고 하니 또 하나의 베일이 벗겨지는 것인가. 이 기관은 아동 수출로 연간 100억을 벌어들인다는데 정말일까? 아동수출? 해외에 아동을 파는 데는 수천만 원을 벌 수 있으니 이들은 국내 입양보다 해외 입양에 눈독을 들여왔을 것이 불을 보듯 뻔하다.

이 대목에서 경악을 금치 못할 일이 또 하나 있다. 우리 사회에 입양 부모보다 친부모의 학대와 친부모에게 맞아 죽는 아이가 더 많다는 사실이다. 그런데 왜 언론은 위의 사실을 숨기고 입양아의 학대나 계모나 계부에 의해 죽어간 아이들만 부각 시켰을까. 입양은 힘든 것이라는 것을 주입시키기 위해서? 계모와 계부들의 학대로 아이들이 죽어간다는 것만을 대체로 보도하여 국내 입양은 아예 꿈도 꾸지 말게 하는 것이 저들의 작전이었던 것은 아닐까? 국내 입양의 숫자를 줄이고 해외 입양을 가능한 늘려서 년간 수천 달러의 수입을 올리고자 했던 것은 아닐까. 이 구조적 시나리오는 언제부터 시작되었던 것일까.

한국전쟁 후 전쟁고아 때문에 또한 해외병사 주둔으로 인해 많이 태어나는 사생아를 구원할 목적으로 헤리 홀트가 세운 홀트아동복지회는 〈형제복지원〉과도 연관이 있다는데 우리의 언론은 여태까지 무엇을 했나. 전쟁고아든 평화 시의 고아든 국내든 해외든 입양할 곳을 찾아야 하는 것은 마땅한 일이다. 그런데 역전마다 그렇게 많은 미아가 늘어나는 것은 또 무슨 일일까. 멀쩡한 아이들을 잡아다 해외에 파는 것은 아닐까? 끔찍한 이 상상이 상상에 불과하기를…….

정인아!! 아프리카 티비의 망치부인 방송을 듣다가 도저히 묵과할 수 없어 이 글을 쓰기에 이르렀단다. 망치부인도 울고 이 방송을 들으며 모두 울었어. 이 엄청난 패륜 앞에 우리의 영혼이 찢어질 것 같구나! 입양된 가정의 네 외조부도 친조부도 목사님이라며??

네가 살던 집에는 네가 활짝 웃는 예쁜 사진들이 벽면을 가득 채우고 있다는데, 그 광경을 보고 네가 매 맞고 학대받고 끝내는 매 맞아 뼈가 산산히 부서져 죽어갈 줄 누가 의심할 수 있었겠니!

네 앞에 꽃을, 장난감을, 인형을, 과자를 갖다 놓은 사람들을 보았지? 모든 우리 적폐의 근원이 서북청년단이듯 〈홀트아동복지회〉도 서북청년단이 뿌리라는 것을 알려주기 위해 잠깐 왔다 간 정인아! 언론개혁, 검찰개혁과 더불어 지금까지 구조적으로 일어났던 어린이 인신매매를 근원적으로 막는 데 온 힘을 기울여야 할 것을 강력하게 일깨우고 간 정인아!!

그 뜨거운 여름 가죽 부대에서 죽어간, 이름도 성도 모르는 아이와 비참하게 죽어간 모든 가엾은 제3 제4 정인의 영혼과 함께 너희들 죽음이 헛되지 않도록 시설을 늘리도록 할게. 또한 모든 채널을 동원하여 너희들 억울한 죽음을 알릴 터이니 이제는 좋은 곳, 아프지 않은 곳, 아름답고 천사만 가득한 곳에서 영원히 살려무나! 얼마나 아팠니 정인아~~!!■

## 침묵으로 일관하더니

침묵으로 일관하더니

피 터지게 한미연합군사작전 중단하라!! 외치지만 시뮬레이션만 돌린다고 하면서 지난 9일 요격기 뜨는 장면과 함께 전쟁연습 시작되는 필름이 나오더니 어떤 언론에서도 그 이후 한마디 후속 보도가 없다. 9일 동안 계속된다니 끝나는 날이 17~8일이었는가. 미국

에 아부하고 일본에 복무하는 개언론들이여 한미연합 군사작전 왜 생중계하지 않았느냐!!

한 발에 일억을 호가하는 포를 쏴대는 한미연합작전이 내 나라 내 하늘에서 수십 년 계속되었건만 우리나라 대부분의 언론은 이날까지 침묵으로 일관하고 있다. 북한을 향한 수뇌부 참수 작전이라는 일명 한반도 전역을 준 전시지역으로 몰아넣는 전쟁연습이 제 나라 제 땅에서 전개되는데 생중계는 고사하고 한마디의 논란도 하지 않는 언론을 언론이라고 말할 수 있을까. 미국으로 보아선 참으로 얌전한 고양이가 바로 우리 언론이다.

그러더니 오늘 아침, 3월 24일 그간 북한에서 미사일을 두 발이나 발사했다고 보도한다. 자기들 나라의 최고 우두머리 참수 작전이 코앞에서 벌어지고 있는데 반응하지 않을 나라와 정권이 어디 있으랴! 그런데 그 여러 날 침묵으로 일관하던 우리 언론은 한미전쟁연습에 반응하는 북한의 움직임만은 더욱 과장, 떠들썩하게 보도해 오고 있는 것이니 이들의 속셈은 과연 무엇일까.

다시 말해 우리 국민들의 오해가 70년이 넘는 세월 쌓여갔던 것은 원인은 가리고 결과만을 부각시키는 이 사악한 언론들의 직무유기로 인해서임이 자명해졌다. 해외 채널을 접할 수 있는 층을 제외하고는 북한이 갑자기 왜 포를 쏘고 미사일을 발사하는지. 한마디로 말해 북한의 움직임을 순전히 뜬금없는 도발로 보이게끔 하였던 것이니 이런 각본의 진원지는 어디일까.

70년 넘는 세월 지속되었던 이들의 시나리오가 작금에도 계속되고 있으니 촛불 정국이라지만 행정 수반만 바뀌었을 뿐인가. 결국은 북한이 미친놈의 공산당이고 언제 어느 때 또 전쟁을 일으킬지 모르니 국방력을 강화하고 군비를 철처히 대비하라는 미국의 지상명령인가. 그래서 저들은 끊임없이 전쟁공포를 조장하고 북한을 씨를 말려야 하는 전쟁광의 나라로 가장 악질분자라는 인식을 암암리에 심고 전 세계민들로 하여금 북한에 대한 적대감을 고취 시키려는 속셈이 아니고 무엇이었던가.

그럼으로써 한반도의 미군 상륙과 주둔의 당위성을 역설하였으며 끝없이 'made in usa' 라는 일본조립의 전쟁물자를 우리로 하여금 수입하게 하고 연간 수십조의 우리 혈세를 미국과 일본이 공조하여 피 빨고 있는 것이다.

만기 제대한 군인들의 입소문에 의하면 북한 병사 한 명에 남한 병사 열 명이 달라붙어도 이기지 못한다고 우리 병사들에게 교육한다는 것이니 우리 군 수뇌부가 미국의 꼭두각시에 불과한 것을 여실히 증명한다 하겠다.

그 수십 년 동안 우리의 국방 예산이 북한의 수십 배는 넘었다던데 남북한 싸움이 붙으면 판판이 지고 만다니 그럼 그 수많은 세월 미군의 역할은 무엇인가. 그들은 왜 주둔하고 있는가. 군비는 무엇 때문에 사들이는가. 일 년에 수십조의 군 장비를 우리에게 팔아먹고 전쟁이 나면 보나마나 북한에 진다는 논리 아닌 논리라면 미군은 철수해야 마땅하고 군비 수입 당장 중단해야 한다.

나는 그리하여 오늘 억울하여 피가 끓는 한반도 8천만의 가슴을 담아 전 지구촌을 향해 말로써 폭탄을 발사한다!! 우리뿐인가. 전 세계 불이익을 당하는 모든 민족들을 깨우기 위해 말로써 수소폭탄을 오대양 육대주를 향해 쏘아 올리노라!!

한미연합군사작전 영원히 중단하라!!

우리 남북한은 평화를 사랑한다고, 하루속히 종전하자고, 또한 종전을 세계만방에 선언했노라. 너희들이 미친놈 취급했지만 바로 전 미국 대통령 트럼프는 북미 정상회담을 시도했을 뿐만 아니라 한반도 남북 군사분계선을 직접 밟으며 실질적 종전선언을 하지 않았던가. 그런데 여전히 한반도에서 전쟁연습이 웬 말인가 당장 중단하라!!

한미연합군사작전 중단하고 개성공단 재개하라!!

미국이 이 땅에서 오만방자가 점점 더 가속화되는 것은 "한반도 군사작전 지휘권(전작권) 영원히 미국 너희들이 가져라!" 했던 명박근혜의 미친 정권과 친미 숭미주의자들, 국내외 매국노 골수들 때문이다. 그런데 그들을 사면하라고? 멀쩡히 잘 가동되고 있는 개성공단을 이유도 없이 하루 아침에 문을 닫은 것은 북한이 아니고 남한이고 미국이다. 관계했던 기업들은 도산하고 경제에 물꼬를 잡아보려던 북한은 '닭 쫓던 개 지붕 쳐다보기' 가 되었다. 그래도 북한이 미친놈이고 약속을 깨는 쪽이 북조선 인가? 잔말 말고 개성공단 재개하라!

한미연합군사작전 중단하고 하루속히 종전선언하고 미군은 이 땅을 떠나라!!

전 세계 교전지역에 내보낼 미군 전쟁연습을 왜 한반도 바다에서 상공에서 하느냐, 당장 중단하라!! 도저히 상대 못할 못된 종자가 북한이라고, 전쟁을 좋아하는 나라가 북한이라고 전 세계 언론을 통해 지구촌을 세뇌洗腦시키더니 전쟁광은 '북조선인민공화국'이 아니라 너희 미국인 것이 하노이에서 싱가포르에서 만천하에 드러났다. 남북정상이 만났던 도보다리에서 전세계 언론이 생중계하던 날을 기억할 것이다. 북한은 화해를 원한다고 평화를 하루속히 원한다고 천명하지 않았던가.

풍계리 핵실험장을 폭파시키면서 미국과의 약속을 지키려 했던 북한의 잔등에 칼을 꽂은 것은 미국이다. 지구촌에서 가장 큰 감옥을 북한에 설치하고 아사를 지켜보고 있는 세계인들이여, 미국을 향해 분노하라! 하노이 협상 테이블을 박차고 뛰어나갔던 쪽이 북한의 김정은이 아니라 미국 대통령 트럼프가 아니었던가. 국제 약속을 지키지 않고 깨는 것이 북한이라고 수십 년 만방에 거짓을 쏟아내더니 만국이 지켜보는 가운데 북미조약을 판판이 깬 것이 미국이었음이 백일하에 드러났다.

우리의 바다도 산과 들도 전쟁연습으로 생태계 파괴까지 심각하다. 전쟁을 저지하기 위해 파견된 나라라고 자처하면서 미국은 남북한 전쟁을 도발시키기 위해 상륙해 있는 것이 부인할 수 없는 사실이니 이제 미국은 얼굴에 철판 좀 고만 깔고 이 땅에서 당장 철수하라!!

한미연합군사작전 중단하고 미군은 이 땅을 떠나라!!

우리는 평화의 민족 인간애가 넘치는 동포! 전쟁연습 필요치 않고 수십조 군수물자 어째서 일본에서 사와야 하고 철천지원수 일본 놈들을 100년이 넘게 우리가 먹여 살려야 했느냐! 우리의 혈세는 피대에 끌려 죽어간 김용균 노동자의 피땀이다. 그 쇳물 쓰지마라, 내아들 녹아든 쇳물이다. 산화한 전태일의 끓는 기름이, 고공 굴뚝에서 용접봉 불꽃으로 김진숙이, 송경동의 인생이 녹은 혈세 한 푼도 줄 수 없다. 내 핏줄 북한민을 쳐부순다는 미국을 어떻게 용납하랴! 멀쩡한 한반도를 반 토막 낸 것도 모자라 그간 수백조를 강탈해간 미국은 왜 우리 바다에서 우리 하늘에서 폭격기와 미사일을 쏘아 대는가, 당장 중단하라!! 한미연합 훈련 영구히 중단하고 유엔사는 해체하고 이 땅에서 영원히 물러가라!!

한미연합군사작전 중단하고 전작권은 우리가 명령 통제한다!!

전세계에서 군사력이 6위에 속하면서 제나라 작전권 없는 나라는 대한민국 하나뿐이다. 동맹국을 흡혈하려고 동맹을 자처하는 나라 미국을 전 지구촌에 고발하노라!! 전작권 이양이란 헌법에도 없는 것으로 불법이니 미국에 구걸할 필요 없다. 우리 방위는 우리가 지킨다. 우리 군사작전은 우리 국군 통수권자가 지휘 통솔하라!! 세계를 향해 말로써 선포하고 청와대는 전작권을 행사하라!!!

한미연합군사작전도 소파(SOFA) 개정도 필요 없다, 당장 철수하라!!

소파개정 필요 없이 미군은 이참에 한반도를 떠나라! 동맹이니 파트너니 이제 모두 탈퇴하고 미국과는 상종하지 않기로 한다. 동맹국 피 빨아 먹는 동맹 이제 절대 하지 않기로 한다. 한 손으로는 악수하고 나머지 손으로는 잔등에 칼을 꽂는 나라 더 이상 상대 안 하기로 한다. 미국의 꼭두각시 정권이라면 모두 물러가라. 독재정권이든 민주정권이든 똑같이 미국의 인형극에 출연한 인형이라면 누구든 필요 없다.

한미 주둔군 지위협정(SOFA) 제5조에는 '미국이 주한미군 운영유지비를 모두 책임진다' 고 규정하고 있다. 그러나 미국은 1991년부터 특별협정이란 편법을 동원하여 한국에 경비를 부담시켜 왔다. 조가 넘는 단위의 재화를 해마다 빼앗아 가더니 14%나 또 올린다고 어르고 달래고 협박한다. 감염병으로 전 세계 경제가 얼어붙은 판국에 끝도 없이 도발하고 이간질을 일삼아 타국을 교란시키고 그 사이에 경제이익을 챙기고 전쟁물자 팔아먹는 필설로는 어려운 국가, 너희들과는 어떤 협상도 동맹도 필요 없어 다시는 상종할 종자들 아니니 소파개정 어쩌구 모조리 필요 없다. 제주민 수만 명을 학살하더니 그 아름다운 섬 제주에 해군기지가 웬 말인가! 강정을 유린하던 트랙터를 몰고서, 참외 마을을 헤집던 사드를 뽑아 들고 성주를 떠나라.

허수아비 행정부인 것을 이미 알지만 미친놈이라 불리던 트럼프도 하다 못해 평화를 들먹이고 한반도 평화를 운운했었노라. 그런데 바이든 집권 첫 번째 행보가 전쟁이라니! 바이든, 당신은 누구에게 목줄이 매인 바지사장이던가. 여기저기 동맹이라고 이름 짓고서 동맹국 삥- 뜯어 먹고 사는 나라 미국을 지구촌에서 행세하지 못하게 하라! 각국 정상은 미국이 어떤 나라인 것이 자명하게 드러난 21세기! 지구촌에서 미국을 몰아낼 행동 디데이를 결정하라!!

미국, 너희들도 낯짝이라는 것이 있다면 열심히 일해서 먹고 살 생각하라!! 그 드넓은 대지에 수만 마리, 수백만 마리 마소를 목축하고, 옥수수, 밀 열심히 농사지어 수확하고 저물어 가는 들판에서 저녁 종이 울릴 때 하루를 마감하는 허리 굽힌 농부들의 기도는 얼마나 아름다웠던가!

미국은 총칼을 버리고 각국의 평화를 위해 헌신으로 돌아서야 할 때! 더 늦기 전에 그 사악했던 죄업을 씻고 아메리카 인디언들로부터 억울하게 죽어간 타민족, 학살된 수억 명의 제단에 향불을 피워야 할 것이다. 미국은 무기생산을 중단하고 그간 타민족 학살하여 걸터듬은 재화를 지구촌 난민 구제에 기꺼이 토해내야 할 것이다. ▪

# 詩碑에 是非를 걸다!!

詩碑에 是非를 걸다!!

우선 지난밤까지 70여 일 혹한 속에서 불의를 용납지 않기 위해 분연히 일어나 풍찬노숙을 감행한 〈인천참언론시민연합〉의 전 대원께 깊은 감사와 존경을 올린다.

사실 25세란 나이는 인간으로 말하면 온전히 다 자란 청춘으로 국가 백년지대계를 맡길만한 성숙한 나이다. 고대 마케도니아의 알렉산드로스 대왕은 삼십 이전의 나이에 지중해 연안국을 제패制覇하지 않았던가! 그런데 우리나라 지자체 도입 25년 만에 오늘 인천시와 같은 무책임하고 무능한 선출직으로 하여 행정의 민간위탁이라는 불의한 현장이 나타났으니 합법적으로 국가의 곡간을 열고 혈세를 누수 시키려는 무리들로 보여 개탄을 금할 수 없다.

100년의 적폐와 독재의 잔재로 범국민적 부패가 만연했던 시대, 더구나 짧은 민주주의 역사에 지자체란 가능할 것인가, 라는 의혹을 품고 출발한 지자체가 드디어 그 한계를 드러냈는가, 라는 회의가 진하게 몰려오는 아침이다.

오죽하면 〈주민참여예산제〉라는 예산편성 초기부터 시민을 참여하도록 하여 기초부터 민주주의 실현을 염두에 두었으나 아무리 좋은 제도라 해도 주체자들의 정의로운 실현의지가 없다면 어떤 방법인들 성과가 있으랴! 이는 방식의 문제가 아니라 행정주체의 도덕성 문제가 아닌가 한다. 그러므로 이번 인천시의 행보에 과감히 맞서는 〈인천참언론시민연합〉의 용기야말로 끝까지 쟁취해야 할 풀뿌리 민주주의의 실현에 앞서 불의를 용납지 않는 시민참여의 생생한 현장인 점에서 더욱 의미가 크다 할 것이다.

그렇다면 이런 불의한 현장이 인천시에서만 목격되는 것일까? 나는 오늘 문학인이어서 그간 쉽게 목격할 수 있었던 각 지역마다 우후죽순 세워지는 예술인기념관, 문학관, 미술관, 구조물과 시비

詩碑에 시비是非를 걸어 본다.

경제도 선대열에 우뚝섰지만 일본과 중국에 이어 동남아를 휩쓸고 전 세계로 뻗치고 있는 한류는 무엇을 말하는가. 역사에 찬연히 빛나는 우리 민족의 문화예술 사랑은 당연히 국격을 높이고 가문을 빛내는 예술인들이 각 시대마다 포진하고 있었기 때문이다. 문학사는 물론 예술사에 깊이 각인된 예술인들을 기억하고 그 정신을 후학들을 위해 기려야 함은 두말할 나위가 없다. 요즘은 코로나라는 역병이 전 세계적으로 심해 주춤하고 있으나 기념관, 박물관, 문학관 혹은 시비들, 이는 관광자원으로도 지자체의 황금알을 낳는 둥우리니 더 말해 무엇하랴!

그런데 이런 관광 수입으로 재화를 끌어들인다는 그럴싸한 명분으로 국고를 합법적으로 누수 시키는 현장이 있어 주목하지 않을 수 없다. 지자체를 살찌우는 기획 중 으뜸이라 하여 십 년을 넘게 별러오던 글을 이제야 쓴다.

얼마 전 화천군에서 140억이나 들였던 이외수 작가의 기념관은 뒤늦게 작가가 그의 고향과 밀월관계로 함양에도 문학관을 짓는다는 사실에 요즘 세인들의 입방아에 오르는가 하면 지자체와 껄끄러운 관계로 돌입, 이 기념관이 문제로 떠오르고 있다.

한 작가를 검증하는 일은 통상 사후 100년은 족히 지나야 하는 게 아닐까? 아무리 훌륭한 작가라도 생존해 있는 사람의 기념관을 짓는 것은 어쩐지 낯간지러운 일이다. 앞으로 그가 어떤 인생을 펼칠 것이며 혹은 살아온 나날들 속에 어떤 '눈 가리고 아웅' 이 발각나지 않으란 법 또한 없지 않은가.

친일독재 정권에서는 드러나지 않았던 미당 서정주 선생의 행각을 보라! 재작년 어떤 단체에서 문학기행으로 미당의 생가를 방문한다 하여 기가 막히지만 따라가 본 일이 있다. 그의 문학이 문학사에서도 도드라져 수많은 문인들이 그의 우산을 쓰고 있으며 문학인으로는 그를 찬양하지 않은 입술이 몇이던가. 그가 간섭하지 않은 문학상이 몇이나 될까. 하지만 도착한 우리 일행 말고는 이미 미당의 기념관에 방문객은 아무도 없었다.

일제강점기 시절, 적극적 친일은 물론이고 그 유명한 미당께서 국권을 찬탈한 것으로도 모자란 인민 학살범 56세 생일에 찬양가까지를 지어 바쳤다니 참 믿고 싶지않은 사실이다. 친일 독재정권에서는 응달에 묻혀 있던 그의 행적이 참여정부 시절부터 햇살에 벗겨져 오늘에 이르렀으니 말이다.

노벨문학상 후보에 매년 오르던 미투의 대표적 작가 '은' 씨가 그렇게 해괴한 나날을 선승행세를 하며 살아오는 줄 어찌 알았겠나! 제 진정한 실력이 아니라 노벨상 후보에 오르는 일도 본인이 별짓을 다 해가며 이 모임 저 조직의 싸인을 받느라 동분서주해서 받아낸 것들을 세인들이 알리 만무하다. 서울시청에 그의 기념관을 갖추었다더니 서둘러 폐쇄하느라 야단법석이다.

팔봉 김기진의 평론가상, 김동인문학상, 미당문학상, 청마 유치환문학상 등등 이미 고인이 된지 몇십 년이 되었건만 역사적으로 검증되지 않은 친일 골수작가들의 문학상이 성급히 만들어져 시상하고 수상하고 있어 지금 얼마나 혼란을 빚고 있는가. 거제에서 통영에서 화천에서, 기념관을 허네 마네! 같이 춤을 춘 지자체들로 인해 수십 년 송사가 끊이지 않고 시민단체와 사이에 소송이 빈발하는 졸속행정의 현장들이 얼마나 많은가.

뭔 눈먼 돈들이 그리 많은지 각 지자체는 검증되지 않은 문학인을 비롯한 생존 예술인들을 발굴하여 기념관, 문학관, 미술관, 구조물 건립, 시비 세우는 일에 골몰하고 있다. 섬진강 근처 어떤 이름난 시인은 본인이 현재 살고 있는 생가를 시작으로 뺑뺑 돌아 시비를 백 개도 더 세웠다던데 필자는 한 개의 시비도 없어 오늘 시비에 시비를 거는 것인가!

지자체 해당 행정가들은 아마도 얼마간 콩고물 팥고물을 붙여서 싸이드 포켓머니를 부풀리는 것으로써 이런 것들이 짭잘한 수입원의 하나인 모양이다. 지역의 균형발전이라는 기치 아래, 관광자원을 개발하고 지역 세수를 창출하는 일이라며 봄비에 우후죽순처럼 여기저기 세워지고 건립되고 있어 어처구니 없다.

일자리를 잃은 가장이 영양실조로 널브러지는 거리 저편에, 무슨 관관관, 개발의 편자가 번쩍인다! 이것은 국민의 혈세를 노리는 합법적 누수의 구멍이며 비켜서지 못할 매국적 세금 도둑의 현장이라고 감히 진단한다. 대체 한두 푼인가. 입만 벌렸다 하면 수십억 수백억인데 말이다.

각계의 지도자는 물론 국가를 위해 공헌한 자 등 국립묘지에 안장한 분들을 선별하듯, 시비와 구조물 건립의 범위와 한계도 법제화가 필요한 시점이라고 본다. 지자체가 아니라 범국민적으로 국가적으로 해당 위인을 선별해야 하고 지자체가 아니라 중앙에서 국가적 사업으로 검토해야 한다고 본다.

왕조시대에도 개국공신이나 혹은 변란 등 나라를 위해 큰 공을 세운 관직에 내리는 지위가 있었으니 사후에 임금이 내리는 시호이다. 또한 그보다 더 높은 급으로 왕조가 바뀌어도 묘사주를 받들어야 한다는 사후 직위가 있었으니 '불천지위' 이다. 임금과 요직의 신하들이 모여 의논 끝에 시호와 함께 그 집안에 국가에서 내려지던 최고 명예의 지위처럼 그렇게 엄숙하게는 아닐지언정 몇십 년이 못가서 혹은 당자가 죽기도 전에 파헤쳐야 하고 폐기를 운운하는 정도로 졸속으로 처리 되어서야 되겠는가.

사후 숱한 세월이 지나도 세기와 세태가 바뀌어도 귀감이 될 만한 인물, 고금동서에 남녀노소를 불문하고 감동을 주는 글귀들을 돌에 새기고 구조물을 건립해야 하는 게 아닐까! 사후 그의 행적을 생각하면 할수록 지역민 전체가 남은 후학들 전체가 떠나고 만 그가 그립고 수없이 되뇌이고 반추하다 하다가 이구동성이 모여 가시적인 형상으로 나타나야 할 것이다. 얼마 지나지 않아 때려 부숴야 하는 시비요 형상의 주인공이 자신이라는 상상을 당자들도 해 볼 일이다.

코앞에 진상이라더니 시비와 기념관 건립으로 터무니없는 인사에 아부하는 일이 왜 그리 쉬운가! 이름난 도시를 가보면 정말 어이없는 글귀들이 시비라고 서 있어 가는 이 오는 이의 눈살을 찌푸리게 만든다. 어떤 문학단체에서는 대리석을 본인이 보자기에 싸들고 관광버스를 대절하여 해당 지역으로 떠나는 것을 본 일도 있다. 모두 다 천한 자본주의의 발상들이다.

이대로 가다가는 열 걸음만 걸어가면 기념관이요 문학관이고 거지발싸개 같은 시비들이 발걸음을 가로막을 것 같아 안쓰럽다. 더구나 가시적인 환경오염의 주범 단연 이들이다. 땅덩이가 넓기라도 하면 몰라!! 백년 이백년 후, 시비와 구조물 건립을 위해 바다를 메워야 한다고 서두르는 자 나오는 것은 아닐까.

▲윤동주님의 시비

시-별 헤는 밤에서 그는 자신의 이름을 흙으로 덮어버린다. 일본 유학을 위해 어쩔 수 없이 창씨개명을 했지만 이후 큰 자괴감에서 헤어나오지 못하고 있다. 윤동주의 시비를 가지고 시비하는 사람은 한 사람도 없다. 시비는 그렇게 그의 사후 오랜 세월이 흐른 뒤, 사무치게 그리워하는 사람들, 그의 시를 애송하는 사람들, 일정 권역의 사람들의 동시다발적으로 이구동성으로 그를 기리자는 소원과 바람들이 모여 이룩되어야 하는 것 아닐까!■

# 2019, 그해 가을

2019, 그해 가을

생체 실험은 계속되었다. 어제는 전두엽을 내일은 후두엽을 열 것이다 핀셋을 쥔 그들의 현미경에 아픈 과거만 끄을려 나오고 그녀, 투명한 두개골에서 어둠의 씨는 발견치 못했다. 다른 하늘을 만나기 위해 대오를 짓고 기러기도 계절의 저편으로 날아갈 때 생중계는 희대의 기레기들 담당이었다

여교수 뇌를 간 보느라 수고한 떡검을 위해서 서초동 철옹성 안에서는 떡을 해서 돌렸다는 소문이 파다 했다 개껌을 씹는 사람들, 일당에 낚여 광화문에 집합했으나 신도들 빤스 벗기는 목사한테 헌금으로 빼앗겼다 이 사태를 놓고 굴굴굴 통탄한 돼지들까지 혈압 올리는 것이 목사에게 바친 헌납금인지 떡검인지 알 수 없을 때 압수수색도 없이 돼지들은 살처분 당했다 아우성치는 관객이 삼백만이냐 사백만이냐를 놓고 국개에서도 설전이 계속되었다

어디선가 흑바람이 불어왔다. 링링- 하늘에서 경고음이 울었으나 아무도 듣지 못했다. 뒤이어 들이닥친 미탁, 비와 바람이라는 하늘의 작살을 쥐고 빽적지근 한반도 가을을 치고 나갔다 난공불락, 여리고 성도 무너뜨렸다는 그분은 여전히 보이지 않았다 아직도 생체 실험 끝나지 않았다 청와대는 묵언 수행 중!▪

# 윤석열 국회 탄핵이라고라

윤석열 국회 탄핵이라고라

여론을 리드하는 그룹은 자신들의 행보에 이어질 파장까지를 계산한 치밀한 시나리오를 갖고 있어야 한다. 물론 그 포석이 어느 시기까지 미칠지를 가늠하기는 어렵지만 제 나라를 위한 충정과 내 동포를 위하는 진정이라면 대개의 경우 빗나가는 일은 드물 것이다.

최근 불거진 사면이란 단어는 사형이라고 듣고 싶은 가운데 윤가의 지긋지긋한 금수 같은 짓거리에 전율하는 대한민국이다. 치가 떨리다 못해 이제는 윤씨 성만 들어도 증오의 대상으로 전락하는 국민적 트라우마를 걱정할 정도이다. 그런데 그가 만일 대권 주자가 되고 대통령이 된다면 우리 국민은 어떻게 될 것인가. 그가 휘두르던 무소불위의 칼자루는 공권력이란 이름으로 함부로 난무할 것이 뻔한데 말이다.

윤가의 국회 탄핵은 식은 죽 먹기다. 그것을 모르는 사람 아무도 없다. 180석이나 되는 의석인데 뭐가 두려우랴! 그런데 국회에서 탄핵이 결정되고 나면 끝나는 것인가? 그 마지막 판가름은 헌재에서 한다는 것을 얼마 전 박근혜 탄핵으로 목격하지 않았던가. 전 국민이 얼마나 가슴 조이며 헌재 인용의 결과문 낭독을 경청했던가.

지금 국회의사당에 진입하여 검찰총장 탄핵, 이낙연 사면 발설 전면 반대를 국민적 의견이라고 담판을 지으러 간 청년 동지들에게 묻고 싶다. 국민적 여론을 이끄는 리더들이라면 보통의 시민, 필자도 아는 상식을 모를 리는 없는데 잘 모르는 국민들에게 국회 탄핵을 자꾸 부추기는 것은 무슨 의도인가? 국회 탄핵에서 끝난다면 백번이라도 하면 된다. 그러나 국회 탄핵에서 끝나지 않는다는 것을 여러분이 더 잘 알지 않는가.

헌재 9명의 대법관 중에서 아시다시피 7인이 이명박 계열인 것을 모르는 것은 아니겠지? 윤석열은 또한 누군가. 지난 국정 감사에서 뭐라고 했는가. 가장 쿨한 정권이 이명박 정권이라고 국회에서 천명하지 않았던가. 이로써 아무것도 모르는 국민들도 이제 윤석열은 명박산성의 사냥개인 것을 다 알게 되었다. 그러니 윤가는 이명박이라면 자다가도 벌떡 일어나 "근무 중 이상 무!"라고 외칠 인간인 것을 아는데 대법원의 한 패거리들이 왜 그를 파묻겠는가. 천부당만부당하다. 국회에서 윤가를 건드리면 안 되는 이유가 여기에 있다.

국회가 탄핵소추안을 헌재에 올리고 나면 헌재는 혐의없음으로 그가 스스로 씌운 그물을 벗겨줄 테고 그러고 나면 그는 바로 정치적 희생양이 될 뻔했다는 국민적 칭송의 날개를 달고 바로 대선주자의 반열에 올라설 것이 명약관화한데 말이다.

지금 국회의사당에 담판을 지으러 간 청년동맹 동지들에게 묻고 싶다. 당신들의 지금 행보가 진정 국민을 위하고 민주를 사랑하고 오로지 애국충정의 발로로 시작된 것인가를. 더구나 당신들 대표 주자들은 다 어디로 가고 변두리 유투버의 이름으로 위와 같은 내용의 성명이 카톡을 돌아다니는 것은 무엇을 말하는 것인지 답변하라!

지금도 여전히 국운의 존폐가 백척간두에 있는데 나쁜 류의 공명심으로 혹은 나라와 국민보다는 제 자신과 제 그룹의 영달을 위해 발의된 것이라면 지양해야 할 줄로 안다. 그간 이 모양 저 모양으로 고생해오신 분들이 많은 것을 알지만 자칫 순간적이고 짧은 생각, 혹은 감정의 통제가 어려워 혹은 정보의 부족으로 숲을 바로 보지 못하고 나무만을 보는 오류로 대세를 그르치는 일이 있을까 너무 두렵다. 위의 내용을 올렸더니 카톡에서 그럼 뭘 해야 하느냐는 질문이 올라왔다. 지금은 감정을 극히 자제해야 할 때이다.

윤가의 죄는 한 두 가지가 아니니 걱정할 필요 없다. 그는 임지에서 임기가 끝날 때까지 팔도 잘리고 다리도 잘리고 상처뿐인 영광으로 스스로 너덜너덜해질 때까지 임기를 마쳐야 한다. 임기를 온전히 마치고 나야 그는 공수처라는 국민이 내린 하늘의 검색대로 곧바로 들어갈 수가 있다. 윤가 탄핵이라는 사이다를 전 국민이 마시는 순간 그는 정치 희생양이라는 화려한 의상을 입고 대권 주자의 날개를 펼치고 우리의 하늘을 까맣게 덮을 것이다. ■

# 조선 · 동아, 늑골 찌르는 뉴스타파!!

조선 · 동아, 늑골 찌르는 뉴스타파!!

송환웅 고문의 제안으로 피켓팅 후 종로 3가에 위치한 서울극장을 찾기로 했다. 〈조선 · 동아 폐간 무기한 시민실천단〉 멤버들이, 조선일보와 동아일보 매국 역사 100년을 고발하는 다큐 영화를 새해 첫날 관람하기로 결정한 것은 얼마나 잘한 일인지 모르겠다.

바로 전날(20년 12월 31일) 개봉한 〈족벌 두 신문 이야기〉는 대한극장과 서울극장 두 군데서 동시에 상영한다. 3시 35분, 시간에 늦을까 택시를 타고 극장에 5분 전 도착, 필자까지 총 일곱 사람이다. 티켓에 지정된 좌석이 너무 앞이라 비어있는 좌석 아무 곳에나 드문드문 자리를 잡았다. 객석은 우리 일행 말고는 겨우 십여 명 되는 분들이 자리를 차지하고 있을 뿐이었다.

첫 필름이 풀리는 소리와 동시에 돌아가신 노무현 대통령의 카랑카랑한 명연설이 들린다. 수구 언론을 향한 그의 피 끓는 목소리는 언제 들어도 정수리에 폭포수가 떨어지는 듯하다.

현대사를 관통하며 그간 조선 · 동아 민족 반역지가 저지른 역사의 해악이 실로 가관이어서 감상하는 내내 한숨과 장탄식이 절로 나온다. 우리들은 그간 조선과 동아일보에서 해직된 기자님들 〈자유언론 수호투쟁위원회〉에서 만들어낸 거짓과 왜곡 뉴스 100선 혹은 〈언론개혁 100년 운동사〉 등을 구독하여 이미 알고 있는 내용이 많았으나, 처음으로 접하는 분들은 충격 그 자체였을 것이다.

현재 조선일보의 수장인 방상훈 일가의 계보와 동아일보를 창립한 김성수 일가의 계보는 산맥을 이루며 대한민국 어둠의 뼈대를 형성하고 있음을 한눈에 본다. 거미줄같이 얽힌 계보는 정 · 관 · 재계는 물론이고 검찰과 재판부를 넘나들며 악의 축으로 우리 현대사에 수많은 불의의 원흉이었음을 다시 한번 뇌에 새기는 순간이다.

나는 방일영재단의 장학생은 알고 있었으나, 이 인재들이 모이는 곳이 서중회라는 것은 처음 알았다. 이 인물들은 우리나라 최고 엘리트 코스를 밟은 사람들이다. 조선과 동아는 무엇이든 틈만 있으면 그물망, 네트워크를 짠다. 정 · 관 · 재계와 사법부를 장악한 이들 가운데 상당수가 서중회 멤버들이다.

또한 청룡봉사상이 있는 것은 알았지만 그 상을 기획하고 그 배후에 조선일보가 있는 줄도 처음 알았다. 상은 관에서 내리고 상금은 조선일보가 감당한다? 그 네트워크를 활용하는 대표적인 사례가 고 장자연 사건이다.

장자연 사건의 수사를 맡은 지 채 두 달이 되지 않았을 때, 담당 경찰에게는 청룡봉사상이 기다리고 있었다. 피의자 신분의 방상훈 사장이 청룡봉사상을 시상하더라는 것 아닌가. 참으로 파렴치한 언론사와 불의한 경찰권이다. 이렇듯 자신의 비호세력을 만들기 위해 그들은 치밀한 음모로 일관하고 있으며 자라나는 미래 세대까지 침투하여 불의를 학습시키고 그를 이식하여 우리 사회악의 축으로 키워내고 있다.

경찰권, 치안권, 사법권을 장악하고 핵심 권력도 주저앉히고 이들은 무법천지에서 무엇을 꿈꾸고 있는 것일까. 사람이 아닌 금수로 살고 싶은 것일까? 일제에 찬양 아부하고 독재에 부역하고 정의에 칼을 꽂으며 편취한 불의한 재화로 이 좁은 국토를 저희들 것으로 장악하면 무엇이 그렇게 즐거울까. 조선과 동아가 꿈꾸는 낙원은 어떤 것일까. 대한민국의 모든 재화를 삼키고 나면 그들은 행복한가. 가족을 자살케도 하고 타살을 해도 아무런 제재를 받지 않는 사회, 그들이 꿈꾸는 사회, 걸어가는 사회는 결국 폐문廢門이며 파륜破倫아닌가!

이번 뉴스타파가 제작한 〈족벌 두 신문 이야기〉는 전 국민이 시급히 관람해야 할 신축년의 최우선 과제라고 필자는 감히 선언한다. 흔히 다큐는 지루할 수도 있다는 편견을 깨는 영화임에 틀림없다. 이 두 족벌 이야기는 현대사를 건너오는 동안 큼직큼직한 사건의 배후를 속속 드러내고 있어 충격의 연속이다. 신축년을 맞은 새해에도 저 좀비보다 더 악랄한 두 개의 언론이 건재하는 한 우리에게 희망찬 미래는 오기 어렵다. 뉴스타파가 제작한 〈족벌 두 신문 이야기〉는 관람 필수이며, 관람을 강추한다.

극장에서 나오자 땅거미가 지고 있었다. 자본이라면 매국도 매족도 서슴치 않는 매판자본의 원흉, 이제 철옹성이 되었으니 이 두 족벌 신문을 어찌할거나! 세계 전범국가의 골수, 미국과 일본과 철끈으로 맺어졌으니 이 두 족벌 신문을 어찌하랴! 소한을 얼마 남기지 않은 매서운 바람이 분통하고 억울하여 눈물이 마구 흐르는 뺨을 때리고 있었다. ■

# 기억의 꽃대궐

기억의 꽃대궐

막걸리 한 사발에 텃밭을 팔던 시대는 가고
조부가 물꼬를 보던 앞 논과 옆 논
아비가 가꾸던 포도 농장 물려받을 유산상속자들 모두
신화처럼 솟은 시대의 방패연 타고
도시 피뢰침 위에서 허공을 휘젓는 지금
마을 떠난 착한 자손들아 돌아오너라

고샅 귀퉁이 구슬치기 하던 아이들
담벼락에 이쁜이 바보
낙서하고 달아나던 아이들 목소리
싸리 울타리에 살구처럼 열리는 마을
문풍지 찢으며 갓난쟁이 울어대던 이 집 저 집 바지랑대에
하양 기저귀
깃발처럼 날리던 그 날들이 그리워라

정강이 걷어 올린 아낙들 빨래 방망이 팡팡!
시름을 패는 냇가를 첨벙거리며
각시붕어 꺽지 대신 둥근 하늘과
검정 고무신으로 눈부신 햇살을 뜨던 아이들아 돌아 오너라
고모루 산성 아래 반월 산성 아래
설이면 우루루 아랫말과 웃말, 벌말과 두둘기를 돌며
세뱃돈 두둑히 받아 보자
한가위 보름달 아래
강강수월래 부르며 대대손손
미래의 태를 묻을 고향 동산에 달따러 오려무나

학원이 없는 시골은 살 수 없다고
공중낙원을 찾아
도시로 가버린 아들딸 손주 사위 며느리들아
이 밤이 지나고 나면 때는 늦으리
검은 숲이 적막을 토하기 전 너와 나
우리 기억의 꽃 대궐로 돌아와야 하리라

# 소각장의 실체

소각장의 실체

소각시설을 만들어 놓은 곳을 소각장이라 부르며 90년대 중반부터 국가에서 쓰레기를 소각처리 운영하는 곳이다. 또한 무엇인가를 태우는 것을 소각이라고 하는데 지금 여기서 논란하는 것은 다른 것을 태우는 것이 아니라 쓰레기 소각이다.

소각이란 얼마나 주변을 깨끗하게 할 수 있는 손쉬운 방법인가. 쓰레기 폭발로 지역마다 골골마다 골머리를 앓고 있는데 소각을 한다면 냄새가 나는 쓰레기 자체를 원천적으로 줄일 수 있으니 최선의 방법 아니겠는가. 우선 혐오스럽고 불결한 존재이며 병원균의 온상이 되는 쓰레기의 존재 자체를 태워 없애니 쌓이면 썩게 되고 썩을 때 발생하는 메탄가스 걱정도 덜게 되어 이보다 더 좋은 방안이 어디 있으랴!

그런데 위의 이야기는 산업화 되기 이전을 말하는 것으로 현대의 쓰레기는 개념이 달라졌다. 예전에는 어떤 것이든 인공적 개념

▲노원구 자원회수 시설

이 없고 자연에서 나는 것들이어서 폐기처분 된 쓰레기는 어지간하면 모조리 땅에 묻거나 정말 태우면 그만이었다. 그러나 지금은 화석에너지에서 나오는 제2 제3의 가공품으로 대부분의 쓰레기가 화학성분이다. 대지는 한정되어 있고 쓰레기를 옆에 끼고 살고 싶은 주민은 없다. 더구나 현대의 쓰레기는 썩지 않는다는 것이며 매립지 주민들과 공방이 일어나니 매립지 물색도 어려운데 쓰레기를 소각하는 일이야말로 최선의 아이디어 아닌가.

그런데 옛날처럼 자연에서 채취된 낙엽이나 종이, 순수 면직물과 모직을 태우는 것이라면 얼마나 좋았을까. 그러나 문명이 발달하고 산업화가 되면서 폐기 처분되는 거의 전량 쓰레기의 성분이 화석연료에서 나오는 플라스틱이며 비닐이기 때문에 큰일이다. 이 비닐과 플라스틱 성분을 고열에서 태울 때 메탄가스와는 비교가 안 되는 엄청난 독성의 가스가 발생한다니 그것이 문제다. 그래서 소각장

굴뚝은 10미터 이상을 뽑아야 하고 굴뚝 자체에 공해방지시설을 철저히 해도 완전히 차단할 수 없다는 것이니 소작장 인근 주민은 매립지 인근 주민보다 비교가 안될 만큼 심각한 피해를 입는다는 것을 알아야 한다. 옛날처럼 두부 한모, 콩나물 한 움큼을 신문지에 싸주는 시절이면 얼마나 좋을까.

현대의 쓰레기를 태우면 발생하는 가스로는 아황산가스, 이산화탄소, 일산화탄소, 질소산화물, 카드뮴, 수은, 납 등의 중금속, 그리고 제일 무섭다는 다이옥신이다.

그뿐인가. 이 플라스틱이나 비닐 성분은 애초에 소각로에 들어간 쓰레기 총량의 40~50%는 완전 연소 되지 않고 소각재로 남는다는 것이 또한 문제다. 설상가상으로 이 소각재는 맹독성 덩어리라는 것 아닌가. 그래서 일본의 쓰레기 연구진들은 온 인류의 멸망은 소각장 때문에 일어날 것이라고 말하고 있다.

그렇다면 지금까지 이 소각하기 전 쓰레기는 어떻게 처리했을까. 난지도가 일찍이 쓰레기 매립지역이었던 것을 우리는 기억해내야 한다. 그곳이 다 매립되자 다음으로 옮겨간 곳이 김포의 검단면이다. 매립지로 정해지고 나자 불결하고 냄새나는 쓰레기 매립을 왜 우리 지역이 감수해야 하느냐, 주민들이 들고일어나 매립지를 둘러싼 공방이 주민들과 해당 정부 간 시끄러웠던 것이 사실이다.

그렇다면 지금 소각하고 남은 소각재, 다시 말해 맹독성 쓰레기를 정부는 과연 어디에 묻고 있을까. 부피는 크더라도 소각이라도 하지 않았더라면 맹독성 덩어리는 아니 되었을 것을. 그 맹독성 소각재는 땅속에 묻혀 비가 오면 빗물이 스며들 터이고 그 침출수는 어디로 흘러갈 것인가. 당연히 지하수를 오염시키고 결국 강으로 바다로 흘러들게 되어있어 일본 학자들의 인류 멸망 운운은 아주 자명한 것 아니겠는가.

우리가 산업화로 폭발적인 경제 풍요의 시대가 도래하면서 당연히 소비가 폭발적으로 늘었을 것이며 그에 비례해서 쓰레기 폭발을 고민하기 시작하던 때가 80년대 후반이다. 우리보다 산업화가 앞섰다는 일본도 당시 30년에서 50년 전부터 쓰레기의 폭발로 골머리를 앓았다는 것이니 바로 이웃국은 이 난제를 어떻게 극복했을까. 그들은 이미 그 모든 쓰레기로 인한 시행착오를 겪고 이미 소각장과 소각로를 폐쇄시키는 중이었다. 독일 스웨덴 미국 스위스 이런 서양의 나라들 역시 있던 소각로를 폐쇄하거나 해체하던 중이었으니 소각으로 인한 폐해가 얼마나 심각한지 이미 경험치가 쌓여 역시 쓰레기는 소각이 능사가 아니라는 결론에 이미 도달해 있던 것이다.

일본 정부는 소각으로 인해 도쿄 공기의 질이 너무 나빠 시민들이 알까봐 전전긍긍하고 있지만, 대한민국이 쓰레기 문제로 골머리를 앓는다며 어떻게 극복했느냐고 조언을 요청해 오자 그들은 단초도 지체치 않고 소각이 답이라고 했던것이다. 그리고는 일사천리로 일본은 당시 30년 이상 사용한 노화된 소각로를 대한민국에 팔아먹을 궁리에 이른 것이다. 소각로에 세우는 거대한 굴뚝, 다시 말해 공해 방지시설 설치로 우리 국고를 또한 탕진하게 했던 것이니 일본으로 하여금 꿩 먹고 알 먹는 노다지를 김영삼 정부가 안겨 주었던 것이다.

그리고 세계에서 소각로가 가장 많은 곳이 일본과 독일인 것은 무슨 이유일까. 이는 제2차 세계대전 때 사람을 태우기 위해 그렇게 많은 소각로를 설치했다는 것이니 일본이 가장 많은 숫자의 소각로로 전국적으로 1899개라고 한다. 그러니 일본이 우리 동포를 데려다 소각했을지도 모르는 노화된 소각로를 사다가 한반도 이 땅에 또한 설치한다니 생각하면 기가 막힌다.

20세기 이후의 쓰레기는 소각으로 가면 안 된다. 1,500도 이상 고열에서 쓰레기를 합성해서 태울 때 나오는 다이옥신을 비롯한 맹독성의 가스가 배출되기 때문이다. 또한 처음 소각로로 들어간 쓰레기 총량의 40~50%의 부피로 소각재가 남는데 이것이 또한 맹독성 쓰레기이다. 그러니 쓰레기 소각이란 처음 쓰레기 분량을 반으로 줄이는 대신 남은 쓰레기를 맹독성 쓰레기로 탈바꿈시키는 과정이다.

더럽고 불결한 것은 무엇이든 끓이거나 태우면 감염과 악성 병원균의 발생을 원천적으로 봉쇄할 수 있다. 지금도 약품으로 처리하는 것이 아니면 가장 손쉽고 편한 방법이다. 그런데 성분이 다른 물질이 고열에서 탈 때 인체에 해로운 물질이 합성 생산된다니 이 노릇을 어찌하랴!

부분적 불평등은 아직도 존재하지만 산업사회는 대량생산을 낳고 전 인류에게 물질 풍요의 혁명을 갖다 주었다. 물량의 폭발은 물론이거니와 다양성에서도 선사와 역사를 아울러 가장 풍요한 시대를 살고 있음이다. 오죽하면 소비가 미덕이라는 구호가 버젓이 활보하고 있으니 말이다. 그러나 그것은 자본주의와 함께 돌이킬 수 없는 오류였음이 이제 판명되었다. 19~20 세기를 관통하면서 방종했던 인류 앞에 놓인 최대의 난제가 곧 쓰레기다. 과일을 먹으면 껍질이 남듯이 무엇이든 흔적과 족적을 남기게 마련이다. 우리의 과소비가 이렇게 크고 악한 흔적을 남길 줄 어찌 알았을까. 이제는 내외국을 떠나 어디든 쓰레기에 파묻혀 죽을 지경이다. 그러나 쓰레기를 소각만 하지 않는다면 더디더라도 우리는 살길이 보인다. 쓰레기 소각은 인류가 멸절하는 절대의 방법 중 하나이다.

1990년대 초, 최초로 노원구 중계동에 800톤 규모의 소각장이 생겼다. 예전처럼 비가 오면 질퍽거리는 도시가 아니라 아파트타운으로 새로이 개발된 대규모였지만 아름다운 단지였다. 단지마다 대형의 잘 단장된 공원과 근린시설이 좋았다. 필자도 새 아파트 분양을 받아 하계동에 살기 시작했다. 그런데 얼마 지나지 않아 소각장이라는 단어가 아파트 방송을 타고 나오며 자원회수시설이라는 듣도 보도 못한 이름들이 회자되기 시작했다. 옆단지에서부터 바람결에 건너온 내용이라서 단어만을 아는 사람, 조금 더 아는 사람, 아무것도 모르고 처음 듣는 사람들이 태반이었다.

25년이나 지났으나 지금도 기억이 생생하다. 이 소각장이란 것이 생긴다니까 발빠른 주민들이 이것의 폐해를 알아보기 시작했으나 정부에서 밀어붙이는 일이고 보니 환경영향평가니 주민공청회 등, 홍보도 없이 일사천리로 진행되고 있었다. 서로 마주 보는 너댓개의 단지 주민들이 모여 처음 듣는 이 소각장과 자원회수시설이라는 것의 정체에 대해 공부하기 시작했다.

이름을 들으면 대충 알 수 있는 소설가 한 분과 시티은행 다니던 뱅커 한 분 그리고 사업가, 나와 같은 일반 주부들 몇명이 모여 캐나다와 미국 환경청에서 나오는 전문을 번역해 가며 공부했다. 쓰레기 소각으로 나오는 배출가스와 소각재의 성분은 중금속과 다이옥신, 카드뮴, 납, 질소산화물, 수은 등이며 인류가 아직도 밝혀내지 못한 성분도 발생하며 인체는 물론 동식물에 치명적인 악성 성분이라는 것이다. 그래서 산업사회를 먼저 거친 당시 선진국에서는 절대로 쓰레기는 소각하지 않고 재활용, 재사용 감량을 목표로 가고 있었으며 그간 사용하던 소각로는 폐쇄하는 중이라는 것이다. 당시 미국 환경청은 다이옥신이 0.0000994만 나와도 이를 심각한 상태로 취급하고 있다는 것을 그들의 보고서에서 확인했다.

쓰레기 소각에서 배출되는 것은 일단 맹독성의 가스로 당연히 대기질 오염의 심각한 원인 중 하나다. 또한 소각재는 묻혀서 침출수로 지하수 하천 강 바다로 통하는 모든 물길을 오염시키니 수질오염과 당연히 그 물길이 지나는 토양의 오염원이다. 그러니 쓰레기 소각은 우리 생태계 자연계 전체를 오염시키는 중대한 범법이며 인류를 멸절시키는 근본적으로 악한 시스템이라고 볼 수 있다.

그러니 쓰레기를 태우면서 아무리 대단한 양의 제3의 에너지가 나온들 무슨 소용 있겠는가. 소각은 전 세계가 원천적으로 금해야 할 시스템인데 말이다. 또한 쓰레기를 태울 때 잘 타라고 석유를 붓고 태운다니 이중 삼중의 에너지 낭비 아닌가. 그리하여 쓰레기 소각장에서 나오는 폐열을 가지고 주변 인근 아파트에 난방용으로 열에너지를 나눠 준다는 것이니 이것은 눈 가리고 아웅하는 이야기이다. 소각장에서 나오는 폐열로 충당하는 것은 고작 필요한 에너지의 10% 정도라는 것이니 소각장과 자원회수시설이 셋트로 회자되는 것은 관계 당국이 주민을 현혹하기 위한 방편에 불과한 것으로 그들이 숨기고 있는 실체라는 것을 우리는 알아냈다.

공부하던 우리 팀은 드디어 그린피스 요원을 초청하기로 했다. 캐나다 사람 로버트 카멜이 노원구 중계동에 와 소각장 현장을 보더니 아주 심각한 어조로 중얼댔다.

"저것은 범죄다!"

반경 2킬로미터가 직접 피해지역이라는 것인데 중계동 소각장과 주거지와의 거리가 500미터도 떨어져 있지 않았으니 정말 심각한 것 아닌가. 주민들 모두 나와 몇날 며칠이고 시위를 했으나 사복체포조를 대형버스 여러 대에 나누어 싣고 와 김영삼 정부는 주민을 겁주고 소각장 건설을 밀어부쳤다.

지금은 90년대 당시보다는 재활용 재사용이 많이 활성화 되어있고 지역마다 아나바다 운동도 일어나고 있으나 쓰레기 원천적인 감량을 위해 국가는 계몽과 교육에 더욱 주력해야 한다.

우리는 소비를 쉽게 생각하지 말아야 한다. 더디더라도 교육하고 시민이라면 재사용과 재활용이 습관화되어야 한다. 그것이 지구를 살리는 길이며 쓰레기 양산을 줄이는 일이다. 쓰레기 감량이 최고의 미덕이 되어야 하고 지금이라도 국가는 쓰레기 소각하는 시스템을 전면 중단해야 한다. ▪

# WARMERICA여 OUT!!

WARMERICA여 OUT!!

어제는 시민행동 원탁회의에 참석 좀 해달라는 지인의 부탁으로 서울을 다녀왔다. 우선 양주까지 가서 지하철 1호선으로 갈아탔다. 9시 정도 시각이어서인지 낮 보다는 사람이 많은 편이다. 자리가 없어 하는 수 없이 노인석에 앉았다. 시반에 올릴 내용이 있어서 문자를 열심히 하고 있는데 조용하던 실내가 떠드레 하다. 대체 누가 떠들지?

사람들 사이를 휘둘러보니 미군들로 보이는 청년인지 장년들이 대여섯 낄낄거리며 지하철 한 칸을 전세낸 듯 떠들고 있었다. 소리가 아주 큰 것은 아니었으나 코로나 이후에 내국인들은 이제 습관이 된듯 숨소리조차 없다. 대체 여간한 용기 아니면 누가 그렇게 조용한 실내에 균열을 가하랴!

미군들 떠드는 소리에 대체 글을 읽을 수가 없다. 대여섯 정거장을 참으며 버텼다. 내국인들이 전화를 받거나 떠들었으면 당장 누가 신고를 했는지 방송이 나오거나 지하철 경찰이 출동하던데 세상에 열 정거장이 지나도록 미 병사들 떠드는 꼴만 영화를 보듯, 라디오를 듣듯 지하철 실내는 조용히 귀 기울이고 있었다.

이것들이 저네들이 아직도 정복자 나라의 백성인 줄 아는 모양이지? 거들먹거리며 떠드는 용기라니. 대부분 한국인들 아무리 떠들어도 아무도 알아듣지 못하는 까막귀라고 단정하고 저들은 맘 놓고 떠드는 중일거다. 아니면 살인을 해도 벌을 받지 않는 소파협정이 있으니 누구든 덤벼 봐라, 그런 심정으로 만용을 부리고 있는 지도.

'놈들아! 너희들 75년 동안 우리가 벌어먹이고 있는 거 알지? 타민족 학살해서 먹고 사는 것들이 어디서 거들먹거리고 있어!'

되도 않는 영어는 용기가 없고 지하철 경찰 전화번호도 어디에도 보이지 않았다. 하는 수 없이 112로 신고했다.

“지금 녹천을 지나고 있는데 미국 병사들 대여섯 명이 너무 떠들어요. 빨리 출동해 주세요. 1호선입니다.”

광화문 광장에서 미군은 철수하라! 워킹그룹 해체하라, 고 백 번 외치는 것도 좋지만 이들을 합법적인 방법으로 들볶는 것도 우리 의사 표현의 하나일 것이다. 내 행위에 당위를 설정하며 나는 경찰이 등장하기를 기다렸다.

그러나 석계를 지나고 외대 앞을 지나도 경찰은 오지 않는다. 다시 112로 콜을 한다. 이 경찰들도 노예근성으로 미병사라니 아예 출동을 안 하는 것 아닌가? 하는 생각이 뒤미쳐 떠올랐다. 다시 콜을 했다. 회기를 지나고 있다고 전화로 알린다. 그러나 경찰은 오지 않는다.

그들은 여전히 으쓱대며 떠들기를 멈추지 않았다. 겨우 청량리를 지나 제기동을 향해 갈 때 경찰이 출동했다. 미 병사들을 거쳐 경찰들이 내 앞으로 오는 동안 떠들던 병사들은 당연히 잠잠하다. 내게 신고한 장본인이냐고 묻는다. 왜 신고를 했냐는 투다.

“이렇게 조용한 실내에 이 미국 병사들만이 의정부에서부터 여태 떠들고 낄낄거렸다. 내국인들이 조금만 전화를 받아도 곧바로 신고하여 경찰이 출동하고 방송이 나오는데 대체 이 실내에 있는 승객들 노예근성 아닌가. 저들도 알 텐데 아무도 제재를 가하지 않는다면 이 병사들 얼마나 우리를 깔볼 것인가. 더구나 아무도 신고하지 않는 우리나라 국민들 노예근성을 일깨우기 위해서 내가 대표로 신고했다. 대체 왜 이렇게 늦게 출동하느냐. 이들이 벌써 내렸으면 나만 우스운 꼴 될 뻔하지 않았는가!"

조금 창피하고 우아하지 않은 중늙은이가 되었지만 내 행위에 대해 각성하는 사람들 몇은 있었으리라고 자부하며 오그라든 마음을 폈다. 경찰을 기다리며 큰 소리는 아니지만 중얼거렸다. 현대사를 모르는 혹은 부정하는 이들을 계도할 수 있는 순간을 포착해야 한다.

"뭐가 잘났다고 남의 나라 전쟁 일으켜 타인종 학살하고 공갈 협박해서 먹고 사는 민족이 제법 우수한 민족인양 만용을 부리며 남의 나라 지하철에서 떠들어 떠들길……"

그들에게 주의를 주고 경찰들이 종로 5가에서 내렸다. 다음 정거장 종로 3가에서 병사들도 내린다. 제일 떠들던 놈이 뒤를 돌아보며 내린다. 법보다 주먹이 가까운 법이다. 소파협정은 완전 노예법이라는 거 아닌가. 동두천에서 흔히 일어나던 미 병사 술집 살인사건, 가엾은 윤금이 사건이 떠올랐다. 효순이 미순이가 떠올라 꾹 참고 있던 나는 그제야 그들 뒤에 소리친다.

"아메리칸 솔져 아웃! 유어 컨트리 이즈 코리아 슬레이브!!"

가랑비에 옷 젖듯이 우리는 알게 모르게 서양식으로 사고하고 구미에 물들었다. 5,60세대부터 우리 정신은 물론 습속까지 속속들이 그들을 따랐다. 그들 상륙 초기에는 우리의 구세주인 줄 아는 시기도 있었다. 입을 벌렸다 하면 팝송을 질겅거리고 씹지만 그들의 정체를 안 이상 미군은 이 땅을 떠나라고 소리친다.

미국에게 75년이었으니 75년일까? 그럼 일제는 어쩔 것인가. 75년 더하기 35년은 110년 아닌가. 1세기가 넘으면 양색과 일색을 벗을 수 있을까? 양색은 괜찮고 왜색은 나쁜 것인가. 우리 모르게 우리를 지배하고 있는 서구의 사조, 미국 편향, 미국의 의식을 어쩔 것인가. 우리 앞 세대는 그래서 일본 편향, 일본 취향, 친일본 개념의 자연스런 형성을 우리는 토착왜구 친일파 하는 것인가.

문화와 예술은 국경을 넘나들고 사조를 넘어서고 사상과 철학도 시대와 다른 문명권을 타고 넘어 더한 진보를 향해 발돋움 하는 것이다. 또한 어느곳이든 지정학적으로 자생된 문화와 예술에 높낮이는 없으며 고유하고 존엄한 것이다.

지역민이 살아내기에 절실했던 삶의 방편들이 기후와 바람과 토양의 색을 입고 소리를 담고 형체를 만들어 몸짓으로 조형으로 그림으로 음악으로 언어로 글과 말로 생활의 습속으로 면면히 이어져 역사와 시대에 이바지하는 것이 문명과 문화이며 예술이다.

해방과 함께 밀어닥친 미 군정과 함께 홍수처럼 밀려 들어온 양색들. 50, 60세대 이후로는 김홍도 박수근은 몰라도 인상파 그림을 좔좔 외고 팝과 서양 클라식 등에 침몰되어야 행세를 하던 시대가 있었다. 미 제국주의는 치밀한 시나리오로 우리에게 접근 우리 민족의 정신문화부터 와해시키며 들어왔다.

국악은 몰라도 클라식 누구의 몇 악장과 현악사중주를 읊어야 지성적 문화인이었다. 브람스를 좋아하고 슈베르트의 겨울나그네를 읊거나 말라르메나 악의 꽃을 옆에 끼고 걸어야 폼나던 시절이 있었다. 가랑비에 옷 젖듯 팝이나 서양 클라식을 애창할지언정 그러나 미국이 1세기 가까운 세월 지구촌을 잡아먹는 일급 학살전범 국가인 것을 용납할 수는 없다.

남북한 전쟁 도발을 끊임없이 조장하여 그간 천조에 가까운 우리의 피와 같은 재화를 삼킨 또한 계속 삼키고자 전작권을 주지 않는 미국은 우리의 동맹도 아니며 파트너도 아니다. 누가 부여하지도 않은 경찰국 행세를 하며 북한이라는, 세상에서 가장 방대한 감옥을 설정하고 한 인종을 아사시키려는 야만국 미국을 지구촌에서 주저앉혀야 한다.

이제 태평양 하늘에 노을이 짙다. 타국과 이웃국에 빨대를 꽂아 자국의 번성을 기하던 시대는 지났다. 전쟁물자를 판다는 것은 인간 학살로 먹고 살겠다는 발상 아니고 무엇인가.

개성공단 넘어 백두산을 보며 달릴 때 평안도 함경도 사투리를 들으며 중국을 지나 티벳의 노래를 부르며 우리는 이란과 터키를 향해 어서 떠나야 한다. 유라시아 횡단 열차가 함께 떠나자고 베이징 플랫폼에서 기다리고 있다.

미군, 그대들이여! 드볼작의 고잉홈을 부르면서 이제 떠나라! 아메리카 술져 아웃! 유어 컨트리 이즈 코리아 슬레이브! 오늘 세계 만방에 美國을 지구촌 전범국으로 고발하며 너희들에게 죽임당한 지구촌 인류가 전범국 미국에게 하사한 이름!!

"Warmerica여 out!!"

# 공명심功名心, 그 실체의 현주소

공명심功名心, 그 실체의 현주소

요즘 이청준의 소설 당신들의 천국이 생각나는 계절이다. 한센 병자들이 모여 사는 소록도가 배경이었다. 목사님을 비롯해서 그들을 도와주고 헌신하겠다는 사람들이 모여든다. 하지만 결국은 그 행함의 목적이 일정 사회에서 인정을 받거나 자신이 헌신한 분량의 결과물, 자신의 동상을 세우려 함이었던 것이니 또한 유치하달 수만은 없다. 그들도 소위 말하는 공명심으로 인간의 속성 가장 밑바닥을 흐르는 정치적 동물임에랴!

공명심이라 하면 두 가지가 있다. 하나는 공명정대하고 밝히 행동하려는 公明心이고, 또 하나는 일정 사회에 공로를 세워 자신의 이름을 드날리려는 功名心이다. 그러니 사회에 끊임없이 문제를 던지는 건 후자의 공명심이다. 이는 탐욕으로 차별화와 지배욕이 그 뿌리다.

얼마 전 우리는 쉽지 않은 시대의 물결을 바꾸었다. 미국의 간교 시나리오에도 불구하고 촛불혁명으로 민주정권을 창출했다. 이후 정치권을 선두로 한반도라는 쾌속정은 돛을 높게 달고 정의와 평등 평화의 세상을 향해 달리고 있다.

그러나 추악하고 너덜너덜한 독재의 머리를 쳐냈을 뿐이어서 백 년을 묵힌 악의 쇠가시들은 여전히 제 나라를 전복시켜 일본과 미국에 갖다 바치려는 야심찬 책동을 벌이고 있다. 이 육식 파충류들은 정치권은 말할 것도 없이 사회라는 정글을 물어뜯으며 늘 제 사욕에만 복무하고 있다. 이승만이라는 역사의 해악과 미국의 공조 시나리오가 우리 한민족의 덜미를 이다지도 깊게 물고 늘어질 줄 누가 알았으랴.

방심한 세월, 목구멍에 풀칠하기 위해 돌아보지 못했던 70년과 일제 36년이 남긴 토착 왜구와 함께 우리 정서의 실핏줄까지 오염된 지금, 진정 우리 국민의 민족혼, 대동세상은 오긴 올 것인가. 멀쩡한 정신의 소유자라면 풍전등화와 같은 이 시대를 바라보며 여전히 개탄해 마지않는 소리 또한 지금도 드높다.

그러나 우리가 어떤 민족인가. 오천 년 역사에 길이 빛날 태양이 다시금 솟아오르고 있다. 지금 요소요소에서 건강한 맥박이 힘차게 뛰고 있는 것을 매일 목격하고 있잖은가. 광화문을 점거한 그 수많은 정의의 사도들! 그간 군부 독재정권으로 또한 대도大盜들에게 맡긴 국정으로 인해 척추가 휘어가며 일으킨 부를 많이 갈취당하기도 했으나 우리는 다시 일어서고 있다.

전 지구촌을 강타하는 코로나 방역에 일등 국가이며 이 엄중한 사태에도 불구하고 OECD 국가 중 성장률 제1위라는 것 아닌가. 이는 스스로 시작했던 촛불 혁명의 완성을 보고 싶은 깨어난 시민들의 감시와 간섭을 비롯한 참여가 한몫하고 있음을 누구도 부인하지 못할 것이다.

깨시민이라고 명명된 이들은 다양한 채널에서 공동체를 만들어내고 시민을 교육하고 자신들이 헌신할 수 있는 분야를 선택하여 직간접적으로 요소요소에서 시민사회의 리더를 자처하고 있다. 그런데 이들 소위 말하는 민주와 진보 진영 속에 복병이 도사리고 있어 문제로 떠오르고 있다. 물론 완전한 사회도 조직도 없고 완벽한 인격은 더욱 없다. 그러나 선행 헌신하겠다고 나온 인사들 중에 정도 이상의 이 功名心이 결국은 공동체에 힘을 잃게 하고 물의를 빚고 있으니 큰일이다.

어쩌다 실수가 아니라 이 탐욕은 해당 공동체가 발족 된 본질보다는 본인의 사적 욕망에 그 공동체를 대체로 활용하고 있어 문제다. 더하여는 활동을 빙자한 금품까지 모금하고 이를 사취까지 하고 있으니 지적하지 않을 수 없다.

정의구현과 나라와 민족을 구하려는 크게는 구국의 인사들이 이렇게 변질되어서야 위에서 말한 악의 쇠가시, 백 년의 적폐를 언제 다 뿌리 뽑고 맑은 사회를 이룩할 것인가. 이들은 제 세를 넓히고 해당 단체의 수장이 되기 위해 머리를 굴리고 끊임없이 교란, 내부를 갈라치는가 하면 능력 있는 사람을 도태시키기에 물 밑 작업을 시도한다. 그리고는 이 목적이 좌절되면 완전히 표변하여 단체를 물어뜯어 시민사회에 파문을 던지고 있다.

이들의 교언영색에 처음에는 속기도 한다. 그러나 사람들의 후각을 해결하는 건 시간이다. 순수한 사람의 눈은 맑고 투명하여 검은 속셈이 여실히 투영된다는 것을 알아야 한다. 필자가 진단하기로는 그간 완전히 악의 편으로 넘어간 인사들이 이 경우인데 가짜의 행적이 드러나고 또 드러나 민주진보 진영에서 설 자리를 잃었을 때 이들은 다시는 돌아오지 못할 다리를 건너고 있다. 일반과 평범으로 가기는 싫고 악의 수렁에 가서라도 제 세를 잡고 싶은 것이 이 후자의 공명심이다.

위에서 이야기한 공명심이나 현시욕은 인간의 기저를 이루는 속성이므로 누구나 완전히 없다고 볼 수는 없고 많고 적음의 차이일 뿐이다. 공동체라는 조직 내에서 다른 요원이 주창하는 아이디어, 참신한 기획, 유능한 리더십을 만날 때 진정으로 환호하고 인정하고 격려하는 사회 분위기 정말 시급하다. 지금 자칭 민주와 진보 진영 안에서 일어나고 있는 크고 작은 해프닝은 거의 대부분 같은 맥락의 충돌임을 알 수 있다.

유능한 인재를 발견할 때 기꺼운 마음으로 함께 일할 생각을 접고 가능한 딴지를 걸고 모함하고 배제하여 도태시키려는 인성들이 도처에서 발견되어 순수한 사람들에게까지 동력을 잃게 하니 큰일이다. 이 사회적 병리 현상을 어떻게 하면 타파할 수 있을까 고심하다가 이 글을 쓰게 되었다.

가칭 volunteer(자원활동가)전문교육대학이 있으면 좋겠다는 생각을 해보았다. 구체적이고 전문적인 분야별 카리큘럼 속에 기본적으로 이들을 계몽하는 정신교육 프로그램을 넣어서 탐욕스럽고 피폐해진 인성을 다스릴 필요가 있다고 본다. 전문적인 시민활동가보다 자원활동가 혹은 자원봉사자들이 다수를 차지하는 진영 요소요소에서 이들이 크고 작게 일으키는 문제들이 너무 많은 것으로 듣고 있다. 그래서 일의 진행이 어려울 뿐만 아니라 본말이 전도되는 경우가 많아 정작 목표를 향해 나가기도 전에 와해 된다든가 순수한 인재들의 의욕을 상실케 하니 이보다 더 안타까운 일이 어디 있겠는가!■

# 방통위는 불법 종편채널 MBN 승인을 취소하라! 아니면 방통위도 해체하라!

방통위는 불법 종편채널 MBN 승인을 취소하라!
아니면 방통위도 해체하라!

이 시대 진정 살아있는 언론개혁의 생명체 〈조선, 동아 폐간 무기한 시민실천단〉은 지난 2011년, 사기 정권 아래 편법으로 탄생한 불법 언론 MBN의 승인을 취소할 것을 방통위에 요구하면서 11월 16일, 오늘 이 시각부터 주야간 노숙 농성에 돌입함을 천명한다.

지난 10월 30일 문제의 MBN은 종편 채널 출범 당시 자본금 불법 충당 문제로 방송통신위원회로부터 전면 영업정지 6개월 처분을 받은 바 있다. 광고 판매 등 영업은 물론 방송 자체를 할 수 없는 중징계로 국내 방송 사상 초유의 사태라고 뭇언론을 비롯한 여론이 들끓고 있다.

10년이라는 세월이 지났다고는 하나 국민은 대한민국이라는 기업의 직원이요 대통령이란 그 기업의 사장이라는 반 착란적 정권이 국가와 국민을 상대로 불법과 불의로써 국고를 탐하고 국토를 유린할 목적으로 이는 가히 정언유착의 상징물로 탄생했음은 그 누구도 부인치 못할 것이다.

그간 사기성 있는 불의한 정권의 노골적인 특혜에 편파적 여론몰이와 방송의 투명성 등의 심각성으로 방통위 재심사를 받을 때마다 방송심사 점수 과락을 면치 못했음에도 불구하고 영문을 알 수 없는 방통위의 솜방망이 선고로 MBN은 지난 십 년 우리 시민사회에 혼란을 가중시키며 지금까지 건재해 왔다. 이 또한 어떤 연유인지 그간의 방통위와 MBN의 유착 관계를 의심해보지 않을 수 없는 대목이며 이 또한 우리 사회가 반드시 짚어내야 할 과제이다.

그러므로 이번 방통위가 내린 결정 또한 어불성설로 영업정지가 아니라 MBN 자체의 허가를 취소하는 것이 합리적이고 합법적임을 선언한다. 이것만이 백 년 가까운 세월 본분을 잊고 나쁜 자본과 권력에 빌붙어 제 민족과 나라의 존망을 어지럽히는 쓰레기 언론에 시달려 온 우리 국민들의 방송개혁 더 나아가 언론개혁의 뜨거운 열망에 부응하는 것이다.

그러므로 이 자리에 참석하신 각계의 대표들은 물론 그간 언론개혁을 위해 혼신을 다해 오신 조직과 선배 제위를 비롯한 〈조선.동아 폐간무기한 시민실천단〉은 한국방송통신위원회에 불법으로 태어난 불의한 종편채널 MBN의 승인 취소를 강력히 요구하는 바이다. 그간 분열적 정권의 수괴도 역사의 심판을 받은바 그 병든 수족도 잘라야 하는 것은 역사의 수순이며 시대적 요청임을 방통위는 엄숙하게 받아들여야 할 것이다.

더구나 방통위의 이번 MBN 재심사는 전 세계적으로 가장 낮은 신뢰도로 한반도의 평화와 번영을 가로막는 한국언론에 경종을 울릴 수 있는 다시 없는 기회라는 것을 명심해야 할 것이다.

방송법 규정 위를 할거하며 정권을 등에 업고 탄생부터 불의와 불법을 자행해 온 MBN과 같은 검은 정권의 사생아를 승인 취소로써 단죄하지 않는다면 정의로운 시민사회는 바로 그 창을 방통위 해체라는 과녘을 향해 던질 것이다. 일정 기간마다 방송 채널을 향한 방통위 심사 규정이 있는 것은 투명성과 공익성이라는 양날의 검으로 더욱 정의롭고 선진 된 미래사회를 약속하기 위함 아닌가.

그럼에도 불구하고 방통위는 채널A와 TV조선은 물론이요 해마다 조건부 승인이라는 여론의 방패막이용 용어를 활용하며 비틀린 매체가 규정과 법규를 빠져나갈 길을 마련해 주고 있는 점에 정의로운 시민사회는 이를 심각하게 주시하고 있음을 자각해야 할 것이다.

이는 방통위 존폐를 다시금 생각케 하는 것으로 무용의 심사만을 거듭하고 있다면 국고를 낭비하면서 방통위를 둘 필요가 있겠는가. 돈만 삼키는 허수아비 방통위 우리는 필요치 않다. 그러므로 이번 MBN 승인 자체가 취소되지 않는다면 방통위 또한 해체하는 것이 시대적 수순이다.

불법 편파 종편 MBN 허가 취소하라!! 아니면 방통위도 해체하라!!■

# 두 바퀴

두 바퀴

새봄을 맞은 마을에 보이지 않던 동그라미 동그라미들이 겨울 언덕을 넘어오면 3월이다. 늑대의 잇바디에 물렸던 계절이 흐물거릴 무렵, 길 가장자리에 때 탄 솜이불이 척- 걸쳐있는 산복도로를 골라 딛으며 더듬이를 단 두 개의 바퀴들, 아랫마을을 향해 좌우로 페달을 밟는 싱싱한 아침! 잣나무 조림지역인 숲으로부터 직립한 침엽수림, 그 삭도에 잘려 나온 수정같은 빛들은 반짝이는 자전거 바큇살에서 드디어 생명의 빛으로 부서진다.

지난 겨우내, 반질거리는 기름걸레는 두툼하거나 얇은 그들의 손바닥에서 유전하며 재산목록 일호를 윤나게 닦고 닦았을 것이다. 네 개 굴렁쇠를 자랑하는 자동차는 전성시대를 구가하는 자손들에게 다 뺏기고 나서 가까운 이웃 마을을 돌아다니기까지 자전거란 얼마나 필수품이냐.

들창을 내다보며 그르릉 가래 끓는 소리를 내던 마을 어르신들, 라면을 사러 자전거로 내달려온 원기에게, 슬슬 페달을 밟으며 이발하러 가는 이 씨, 병원을 가려고 자전거를 끄는 장 씨에게 '겨울들 잘 났네?' 라는 안부는 사람에게라기보다는 그들을 모시고 온 두 바퀴의 탈 것들에게 묻는 인사들이다. 눈! 초겨울부터 쌓이고 쌓여 이 동토의 계절이 끝나는 4월의 언저리나 되어야 그들이 장악했던 길을 내주기 때문이다.

마을 어디를 가나 그들은 두 바퀴 위에 앉아 있거나 아니면 끌고 마을을 돌아다닌다. 소중하고도 소중한 그들의 발이기 때문이다. 지방이든 어디 먼 여정일 때를 제외하고는 어디든 못갈 곳이 없다. 교통수단은 물론이려니와 사람들이 내다 놓은 파지 아니면 잡다한 재활용품 박스를 싣고 나르는가 하면, 그나마도 탈 것이 없는 마을 중늙은이들은 가끔 그들의 등짐이 되어 윗마을을 향해 혹은 아랫마을을 향해 줄달음치는 장면을 누구든 쉽게 목격하게 한다. 자동차처럼 기름을 먹어야 하는 것도 아니고 가끔 윤활유만 자전축에 발라주면 그만이고 녹이 슬까 열심히 기름걸레로 닦아주면 그 반짝이는 파동이라니!

대체 최초로 끌 것을 만들고 거기에 바퀴를 달자고 한 사람은 누굴까. 아니 둥근 바퀴란 것을 처음 발명한 사람은 누굴까. 화폐의 통일, 도량형의 통일과 함께 거동궤를 만들어 차축의 통일을 최초로 단행했던 사람이 진의 시황제란 것은 알고 있었으나 인류 문명사에 가장 지대한 영향을 끼친 것으로 바퀴가 가장 으뜸인 것은 이제야 알았다. B.C 3500년경, 메소포타미아 문명권에서 처음 발견되었다고 하니 그는 누구였을까.

그러나 외바퀴! 외바퀴는 불안정하고 균형을 잡을 수 없어 두 개의 바퀴가 필수 조건으로 떠오른 날은 그리 오래 걸리지 않았으리

라. 우마차가 끄는 수레의 출현은 두 개의 바퀴가 아니라면 성사가 어려운 노릇이다.

영장류를 비롯하여 세상의 생물계가 바로 자웅으로 번성하는 원리는 태초부터 시작이며 인류의 문명사가 면면히 이어져 오는 원동력이기도 하다. 아비가 있고 어미가 있어야 사랑의 결실이 태어나는 것은 너무나 진부한 이야기다.

우리 사회 구성원을 의미별, 시각별로 나누면 또한 이분법적인 구성을 하고 있는 것이 어디 한두 가지인가. 우선 남녀가 있고 약자와 강자가 있고 상류와 하류가 있고 고위직과 말단이 있다. 고용주가 있으면 노동자가 있고 영세업자가 있으며 재벌이 있다. 패자가 있고 승자가 있다.

남과 북도 두 바퀴, 노동자와 기업주도 두 바퀴, 여당과 야당도 두 바퀴 남과 녀 보수와 진보, 우리 사회를 지탱하는 것 역시 두 바퀴이다. 그 가운데서도 그와 같은 맥락으로 자웅이 동체가 되어 우리의 물리적 일상을 보다 완벽하게 하는 것이 얼마나 많은가. 기계와 기구를 완성하는 기초단위 볼트와 낫트는 물론, 페니실린 다음으로 우리 문명사에 지대한 영향을 끼친 물건 가운데 7번째 속하는 나사못과 콘센트 암수는 요철(凹凸)이 근본 아니던가.

요즘들어 갑질 논란이 대단하다. 을이 있어야 갑이 있다. 가진 자들의 횡포가 하늘을 찌른다. 재벌이 곡간을 풀어야 노동자가 살리라. 재벌들이여, 그대들이 두 발을 얹고 있는 이 시대의 바퀴에 다른 한 축이 있다면 바로 노동자이다. 그들의 바퀴에 녹이 슬고 펑크가 생기고 병들면 어쩔 것인가. 작업대에 결원이 생기면 어쩔 것인가. 그들의 자손들에게 공급되어야 할 일용할 양식이 제대로 공급되지 않는다면 그대들이 생산해 내는 생필품을 누가 사서 쓸 것인가. 누가 햄버거를 사 먹을 것이며 누가 맥주를 사서 마실 수 있단 말인가. 누가 당신의 마트를 방문할 것이며 누가 당신들이 생산해 내는 자동차를 타고 가전제품을 사용할 것인가.

자본가들이여 노동자는 또한 당신들이 생산해 내는 소비재와 영구재의 소비자들임을 명심하라! 멀게 내다보아야 한다. 인간답지 않은 저임금으로 소비의 폐쇄회로를 만들지 말 일이다. 선순환 구조를 구축하는 것이 함께 융성하는 길이며 그것이 공존의 미덕이다. ▪

# 나는 고백한다, 참을 수 없는 존재의 가벼움!

나는 고백한다, 참을 수 없는 존재의 가벼움!

나는 약 십 년 전, 큰 오류를 범하는 날이 있었음을 고백한다. 포천신문에 실었던 칼럼에서다. 그간 숨기려 했던 것은 아니고 딱히 고백할 적절한 시의施意가 도래하지 않았다고나 할까. 당시 노무현 대통령이 봉화 부엉이바위에서 뛰어내리신 것이 그해 5월 초이고 내가 그를 지칭하여 〈참을 수 없는 존재의 가벼움, 600만불 사나이!〉라는 제목의 글을 포천신문에 게재한 것이 4월 말경이니까 내 글이 발표되고 나서 한 열흘 안팎에 우리는 그 귀하고도 역사적인 존재를 영원히 잃어버렸다.

연일 언론은 압수수색을 했다면서 자고 일어나면 금액이 달라지고 뇌물수수가 어떻고 형님과 영부인이 불려 다니고 죄 없는 딸은 기소까지 당했다. 벌집을 쑤셔놓은 듯 언론은 꽹과리를 치면서 까치처럼 짖어댔다. 사돈의 사돈까지 3만 원짜리 경조비까지 털렸다는 것이다.

그때 의심을 했어야 했다. 언론 보도가 이상하지 않은가. 큰 죄목이 드러났다면 3만 원짜리 경조비까지 털었겠는가. 죄의 근원을 쉽사리 포착했다면 거의 10개월이나 수색을 했겠는가. 그쯤에서는 검찰이 없는 죄를 만들어내는구나, 의심해 볼 수도 있었던 것 아닌가! 바쁘다는 것은 핑계이고 고정칼럼 연재를 하고 있던 나는 냉큼 그 커다란 사건을 이슈화 했다. 신문을 꼼꼼이 읽을 새가 없었고 티비 뉴스를 믿었다. 아니 땐 굴뚝에 연기 나랴! 속담을 상기하며 샅샅이 분석하지 않았다. 그런데 정말 설마가 사람을 잡았다. 검찰을 개혁하려던 노통은 자신이 기르던 사냥개에게 당하고 말았던 것이다.

쏟아지는 뉴스를 의심하지 못한 채, 내가 존경했고 사랑했던 노무현 대통령마저 이렇다니… 실망이 이만저만이 아니었다. 털어도 먼지 나지않는 노무현이기를 바랐기 때문에 환멸은 더욱 심했다. 더 볼 것도 없이 역대 대통령들과 마찬가지로 너무 가벼운 존재 아닌가. 체코 「농담」의 작가, 철학자요 소설가인 밀란 군데라의 책 제목을 인용해 〈600만불 사나이, 참을 수 없는 존재의 가벼움〉이라는 제목의 칼럼을 썼던 것이다. 그로써 그 억울한 노무현 대통령께 천추의 한을 남겼으며 내 글을 구독한 분들에게는 씻을 수 없는 오류를 범했음을 고백하며 이 지면을 통해 용서를 빌 뿐이다.

나는 너무 성급했다. 300곳을 압수수색 했다는데 증거는 전무했다. 증거가 뒷받침되어야 죄가 성립하는 것인데, 모두가 정황이었고 의혹이었으며 주장이었다. 검찰은 어떤 곳에서도 증거를 찾지 못했다. 뇌물로 받았다고 주장하던 논두렁에 버렸다는 고액의 시계 사건도 조작이어서 허위를 유포한 당시 대검중수부장은 지금 미국으로 도피 중이었는데 얼마 전 현지민에게 들켰다고 한다.

검찰이 개 같은 짓을 하는 역사가 깊은 것은 알고 있었지만 당시 어지간히 민주화가 된 시대인줄 알았던 것이 큰 착각이었다. 또한 언론이 쓰레기라는 것을 알고 있었지만 그렇게 철저히 검찰에 복무하는 추악한 것들인지 몰랐다. 허위를 보도하고 유포시킨 언론들은 정정 보도를 했느냐. 지금껏 아무도 하지 않았다.

이후 본 필자는 대개의 언론을 믿지 않게 되었으며 반드시 여러 언론을 비교 분석하게 되었으며 쉽게 해석을 내리지 않고 유추도 신중히 한다. 개인의 게으름으로 인한 판단 미스나 오류는 그럴 수 있다지만 그것이 대중매체 (mess media)를 탈 때 마녀사냥이라고 불리는 살인행위다. 최근에도 우리는 민주진영의 인물 노회찬을 아깝게 잃어버리지 않았던가.

그런데도 우리나라 메이저 언론은 정의를 외면하고 앞장서서 매국의 짓을 서슴지 않고 있다. 그간 독재정권과 금권에 복무한 이들의 허위유포는 지금도 여전히 계속되고 있으며 독재와 친일 친미의 원흉, 일본의 전범세력과 한 덩어리가 되어 선한 뜻을 향해 나아가는 정의와 민주진영에 끊임없이 재를 뿌리고 있다.

그러던 검찰은 노통이 돌아가시고 나자 본인이 가고 없는 마당에 사건의 죄의 유무를 어떻게 따질 것이냐고 사건을 덮어버렸다. 그러나 정권에 확실한 충성을 맹세하려던 고위 관리가 있었으니 당시 경찰청장 조현오이다. 뇌물을 수수한 차명 통장이 여러 개가 나오는 바람에 노통이 자살을 결심한 것이라고 발설한 당시의 경찰청장 조현오는 노무현재단의 고발로 실형을 살았다. 그로부터 5년 후의 일이었다. 그 여러 개의 차명계좌 중 하나라도 사실이었다면 경찰청장이라는 자가 실형을 살았겠는가. 당연히 노통에 대한 검찰의 수사와 언론의 유포는 모두 사실이 아니었음이 그제서야 판명되었다. 그리해서 또 하나의 원통한 역사가 흘러간 지 10년이 되었다.

그런데 지금 검찰이 다시 개짓을 하고 있다. 우리나라 검찰은 개라는 것은 알고 있었지만 먼저번과 같이 이번에도 불독 수준이다. 절대로 물어버린 먹이를 놓치 않을 기세다. 대통령도 좌지우지했던 그 무소불위의 권력을 영원히 대를 물려주며 휘두르고 싶은 모양이다.

이번의 조국 장관은 지명될 때부터 기자 간담회와 청문회를 통해 온 국민이 지켜보았다. 지명자를 대통령이 발표한 것이 8월 9일이니까 지금 달 반이 지나고 있다. 예전처럼 또 정황과 의혹 주장만을 가지고 그간 검찰은 소명할 기회도 없이 기소하고 압수수색을 서슴지 않았다. 노출하는 것이 법으로 금지된 수사 중인 사건을 언론에 시시각각 유포시켰다. 언론이라는 수천수만 마리의 까치들이 짖어대게 함으로써 사퇴를 압박해왔다.

임명된 당사자 털기를 처음부터 포기한 야권과 모든 언론은 일제히 그의 가족을 물어뜯었다. 70곳 이상을 압수 수색했으나 딱히 불법을 행한 것이라고 보기에는 그들도 할 말이 별로 없는 모양이다. 가닥도 없는 소설을 날마다 개작하여 내놓는 것을 보면 말이다. 청문회에 나온 조국 후보자에 대한 기사는 단발 뉴스를 합쳐 117만 건이나 되더라고 여권의 한 의원이 청문회에서 밝혔다. 돌아가신 600만 불의 사나이가 생각나지 않을 수 없는 대목이다. 정의사회를 구현하려는 또 하나의 민주투사가 다시 뛰어내리기를 열망하며 저들은 압수수색이라는 미명하에 먼지 털기를 계속하고 있다.

현 검찰총장에게 대통령이 임명장을 건넬 때 우리 옆에 산적해 있던 폐단이 물러가는 것은 이제 시간 문제겠구나! 이런 희망적인 생각을 하면서 우리 국민은 잠시 안도했었다. 이제 정의로운 사회가 오겠구나, 이제 가장 무서운 적폐가 우리 앞에서 뿌리가 뽑히겠구나. 박근혜를 낙마시킨 장본인이었으니 제대로 환부를 도려내겠구나, 했으나 그것은 큰 오산이었다. 가장 질기고 무서운 적폐의 정점에 윤석열이 있을 줄이야 누가 상상이나 했겠는가. 임명장에 잉크가 마르기도 전 우리 국민의 등짝에 비수를 꽂으며 새 총장은 임명권자를 능멸하는 초유의 사태를 벌이고 있으니…….

사모펀드에 구멍이 있을까 기대했으나 엉뚱한 사람만 잡아들이고 도리깨로 콩깍지를 털 듯 뚜드려댔으나 조국과 그의 가족들에게서 튀어나와야 할 불법과 부정과 불공정 부조리는 지금껏 나오지 않고 나날이 시끄럽기만 하다. 오히려 웅동학원을 향한 부모님의 선행과 공적 사회에 대한 가족들의 헌신, 그리고 여식의 봉사활동만 두드러지니 이 노릇을 어찌하랴!

지켜보기가 매우 힘들지만 그러나 우리 국민에겐 큰 소득이 있었다. 살기에 바빠 검찰이 무엇인지, 검찰개혁을 왜 해야 한다는 것인지. 남의 집 불구경이던 평범한 국민들까지 모두 깨우치게 되었다는 사실이다. 임명권자를 능멸하며 없는 죄도 만들어내는 것이 그간 우리가 잘못 쥐어준 검찰의 칼자루였던 것을 전 국민이 알게 되었다. 저래서 검찰은 반드시 개혁이 필요하구나! 언론은 사실만을 보도하는 것이 아니구나를 세월호 이후에 다시 한번 깨닫는 중요하고 유익한 시간이 되었다.

이제 우리 국민은 그를 반드시 지켜내야 한다. 죄가 드러나지 않은 그와 그의 가족을 위해서도 그렇지만 우리는 검찰개혁을 반드시 이루어내고 구조적인 권력의 편향을 깨고 서로 견제할 수 있는 씨스템을 마련해야 한다. 수없이 자행되는 검찰의 권력 남용으로부터 선량을 지키고 민주의 기틀을 흔들지 못하게 해야 한다. 정재계를 비롯한 고위공직자는 물론이요 사회 전반의 권력형 비리를 근절할 수 있는 독립적 수사처를 신속히 만들어야 한다. 여기서 첨언할 것은 현 정권이 불법적이고 매국적인 정권이라면 검찰개혁을 하려 했겠는가. 자신들에게 또 하나의 올가미가 되는 공수처를 설치하려 했겠는가. 있던 것도 폐쇄하고 없애려고 수단과 방법을 가리지 않았을 것 아닌가.

이제 조국 장관을 비롯한 그 가족은 꿋꿋하게 버텨야 한다. 독립군처럼 건너야 하는 살얼음판이 언제까지 이어질지 모르며 봄날은 아득하다. 당신들은 이제 역사적 소명의식으로 임해야 한다. 하늘의 부름을 받았으니 사적인 것은 반납하라! 조국을 수호하고 지키는 것은 이제 조국의 운명이 되었다. 만인은 법 앞에서 평등하다는 신성한 진리를 펼침으로써 그간 추악한 법조인들의 초상을 회복할 일이다. 정의로운 사회 속에서 민주와 평화가 넘실대는 곳에서 우리들의 2세가 3세가 사랑하며 살 수 있도록 행복한 대한민국을 물려주어야 할 것 아닌가. ■

제3부

# 백번 천번이라도 얘기하자, 부역한 친일인사

백번 천번이라도 얘기하자, 부역한 친일인사

국가적 대업이 가까운 요즘 우리 시민사회는 다시 걱정의 그림자가 너울거린다. 얼마나 많은 거짓과 왜곡과 편파와 소설이 난무할 것인가. 어떻게 해야 저들 보도에 낚이지 않고 대국을 그르치지 않을 것인가. 100년 가까운 세월, 비겁과 비루, 저열과 간교로 일관한, 차마 언론이라고 말할 수 없는 썩은 언론의 혓바닥은 숫돌에 잘 갈린 비수처럼 정의를 도려내고 민주를 살해하고 악을 이식하는데 더없이 세련되어졌으니 말이다.

2차 세계대전이 끝났을 때 프랑스는 나치 부역자를 12만 명이나 처단했다고 한다. 그중 언론인과 작가들을 제일 먼저 색출하기 시작했고 가장 엄중하게 처단해 오고 있다. 광장에 높은 평행봉을 세우고 그들을 효수하여 공중에 매달아 세상 사람이 다 목도 하도록 하기도 했다. 그런데 우리는 어째서 이 오욕의 역사를 청산하지 못하고 1세기 가까운 세월 민족적 수치를 감내하며 오는 것일까.

최근 들어, 우리 국민은 물론 전 세계를 놀라게 한 우리 사법부 판결이 있어 눈길을 끈다. 일제 강점기 강제노역 피해자들이 일본 기업을 상대로 제기한 손해배상 소송에서 1심 법원이 배상 책임을 물을 수 없다고 한 판결이 그것이다. 2018년 10월 대법원 전원합의체가 다른 강제노역 피해자 소송에서 일본 기업에 각 1억 원씩을 배상하라고 판결한 것과 너무도 큰 거리가 있는 이번 판결로 우리 국민 모두의 공분을 사고 있다.

대체 그 판사의 머릿속에는 무엇이 들어있을까. 우리 대한민국 판사가 맞아? 일본 판사가 아니고는 어떻게 그런 판결을 내? 우리가 청산하지 못하고 오는 동안 일제 36년의 악은 씨를 퍼뜨리고 무성해져 만수산 드렁칡으로 얽히고설킨 모양이다. 설상가상으로 우리의 혼과 얼 또한 훼손되기 시작한 것은 아닌지. 아니면 우리 사법부와 일본 정부가 직접적으로 맞닿아 있는 것은 아닐까. 만나는 사람마다 대화의 주제가 그 망할 판사와 판결문이다.

이승만 정부가 주저앉힌 반민특위로 인해 청산되지 못한 일제 망령이 주변을 겹겹이 감싸고 우리의 영혼조차 좀 먹고 있는 형국이다. 그런데 마침, 우리 사회 친일뿌리를 뽑고자 나선 인터넷 방송이 있으니 알만한 사람은 다 아는 〈서울의 소리〉 유튭 채널이다. 개인 방송이 기획하여 실행, 이미 3~4주 전부터 전파를 타고 있다.

일제 괴뢰 정부 만주국에 군가를 작곡해 바치고, 나치의 장학금으로 유럽을 연주회로 순회하고 이름을 날릴 수 있었던 안익태를 시작으로 일제에 부역한 음악인, 미술인 등 전 문화예술계를 촘촘히 더듬을 예정이라고 한다. 지난주 금요일에는 〈친일 대중음악인〉으로 지금 날개를 달고 있는 트로트 가요에 강타를 날리고 있어 여간 다행이 아닐 수 없다.

그런데 지금 〈서울의 소리〉가 감당하고 있는 일은 사안의 중대성이나 규모에 있어서 공영방송이나 지상파 방송에서 진즉 나서야 할 일이 아니었던가. 부지하세월不知何歲月, 대체 언제일지 공권의 기약 없는 세월 앞에 시민사회만 더욱 성숙해 가는 꼴이다.

적극적이든 소극적이든 일제에 부역한 문화예술인을 포함하여 우리 사회에 전방위적으로 포진된 친일인사를 가려낸다는 것이 〈서울의 소리〉 백은종 대표이며 이득신 작가의 기획이다. 물론 민족문제연구소에서 발간한 친일인명대사전에 등재된 인사들을 기준으로 삼는 것은 말할 것도 없거니와 이들을 밝혀내는데 각계의 전문가들이 동원되는 것은 불문가지不問可知다.

전태일문학상을 탄 이득신 작가 역시 굴곡진 우리 현대사에 청산되지 못한 친일이 모든 적폐의 원흉이라고 힘주어 말한다. 더 나아가 우리 사회통합을 저해하는 것도, 남북 소통을 가로막는 근원적 뿌리도 친일 언론과 언론인이라 진단한다면서 〈조·중·동 폐간 무기한 시민실천단〉에 적을 가지고 있는 필자에게 어느 날 노크해 왔던 것이다. 저질언론 조·중·동을 더이상 그대로 둘 수 없지 않겠는가! 방송을 함께 하자고 의뢰해 온 바 3주 전부터 〈조·중·동 저격〉이란 제목의 방송이 공중파空中波를 타고 있다. 일본신문사가 한국에 지사를 두었는가. 신문 제호 위에 원수의 나라, 일장기를 그려 넣는 신문을 제 나라 언론이라 말할 수 있을까. 기필코 폐간되어야 할 쓰레기 신문 조 · 중 · 동. 그간의 행적을 낱낱이 밝히고 샅샅이 파헤칠 예정이다.

거짓이나 악을 저지른 사람은 자신의 소행을 가리기 위해 제2 제3의 거짓과 악을 행하게 되어있다. 양심은 있는지 제 발이 저려, 제 죄가 드러날까 두려워, 이런 이들은 주변을 향해 지속적으로 획책하고 음모를 꾀한다. 가만두려 해야 둘 수 없는 근본적 이유가 여기에 있다.

우리 사회 전방위적 악의 근원이 되고 있는 뿌리 깊은 친일! 민족을 배신하고 독재에까지 부역하더니 친일 숭미를 위해 여전히 복무하는 민족 반역지, 민족반역자는 지금이라도 반드시 응징하고 마땅한 처벌과 징치가 있어야 한다. 이것이 비틀린 역사를 바로잡는 길이며 대대손손 꿈도 못 꿀 것은 반역이라는 것을 전 국민에게 후손들에게 각인시키는 일이다.

1. 사회 곳곳에 박혀있는 친일파, 그들은 지금!

산업화와 민주화로 지금의 대한민국을 만든 위대한 국민, 그 국민의 상식으로 출발하겠다는 윤석열이라는 야권의 대선주자! 그는 위와 같은 번드르르한 말로 대선 도전의 포문을 열더니 날마다 일제 앞잡이와 다름없는 막말을 쏟아내고 있다.

한일 수교 이후 최악의 한일관계라고 지적하면서 자꾸 들먹이는 위안부 문제와 철 지난 죽창가를 부르는 바람에 한일관계는 더욱 악화 일로를 걷게 되었다고 전 조국 장관과 현 정권에 정면으로 도전한다. 흡사 일본인이 우리나라 대권에 도전하러 대한해협을 건너온 것일까. 버젓이 우리나라 대표 언론이라면서 일본 전범 자본에 복무하는 조선일보와 궤를 같이하는 발언으로 영웅본색을 날마다 드러낸다.

나가사끼와 히로시마에 떨어진 원폭으로 제2차 세계대전의 전범국은 패망했으나 이후 한반도를 동강 내는데 기여하고 한국동란으로 어부지리를 얻고 이후 대한민국을 흡혈하여 세계 경제대국이 되었던 일본! 자다가도 벌떡 일어날 역사를 세계인은 다 아는데 지금 윤이라는 자는 마치 반세기 전에 살다가 깨어난 것처럼 자다가 봉창 뚜드리는 소리를 해대고 있다. 더구나 대한민국이 2019년을 기점으로 일본을 거의 모든 분야에서 제치고 올라선 것을 모르는 듯 일본놈인지 일본에 포커스를 맞추고 있다.

그간 우리나라가 기술의 연구와 선진화를 꾀할 수 없던 것은 노예 문서와 다름없었던 한일청구권 협약 때문이었음을 생각하면 분노를 누를 길 없었는데, 그러던 차에 일본 아베의 불소 전면 수출거부는 얼마나 반가운 일이었던가! 이를 기점으로 한일동맹은 깨지고 준비하고 있었던 듯 카운트다운을 외치며 문재인 정부는 기술의 선진화, 홀로서기에 전격 돌입했던 것 아닌가. 급기야 세계 G7 국가로부터 정상회담에 옵서버 자격으로 초청도 받는 대한민국이 되었다.

그간 그들에게 혜택을 구걸, 소비국이었던 코리아가 은혜의 나라, 세계 제일의 K 방역까지 성공하며 온 세계가 부러워하는 일등 국가가 되었는데 윤이라는 대선 주자는 일본의 심기를 건드렸다고 쩔쩔매며 어쩔 것이냐고 법석이다. 60년생이라 일제강점기를 거친 인물도 아닌데 그는 언제부터 일본화 되었을까.

일본에서 열리는 세계인의 축제, 올림픽이 바로 코앞에 다가왔다. 하늘도 무심치 않으셔서 일본의 오지고도 오진 소원을 들어주시지 않을 모양이다. 지구촌이 새롭게 전이된 바이러스 창궐로 무관중 올림픽을 치른다고 한다. 일본 정부는 깨닫고 참회해야 할 시간이다. 이제는 하늘이 직접 진두지휘에 나선 것을 모르고 방사능 오염수를 방류하겠다는 둥, 독도가 일본 땅이라고 인정하라는 둥, 늑대처럼 지금도 약탈에 열을 올리고 오만방자함이 극에 달하고 있다.

이때 발을 맞추어 국내에서는 친일 색이 보이는 인사가 대권 도전에 나서고 다른 주자들을 제치고 선두를 달리고 있으니 큰일이다. 이명박이 민주진영을 주저앉히기 위해 노무현 신드롬을 거세했듯이 그는 또한 현 정권이 깔아준 권력과 자유의 멍석 위에서 그의 실력으로는 도저히 따라잡을 수 없는 한 개의 가문을 거덜냈던 것 아닌가. 그런데 이 지점에서 절대 간과할 수 없는 현상이 벌어졌으니 검찰개혁은 이 시대 절체절명의 과제라는 것이 전 국민에게 학습된 것으로 천만다행이요 이는 事必歸正이다.

그런데 명박산성에서 내려온 이 왜색에 환호하며 몰려드는 인사들, 그들은 보나마나 청산하지 못한 친일부역 세력과 연관이 있을 것이다. 해방 후 기득권층을 형성하고 번성하여 시민사회를 혼란에 빠뜨리고 사회의 근간을 흔들고 있는 세력들이 같은 편이라고 윤이라는 구심점을 향해 모이는 것으로 보인다. 제 민족의 아들과 딸들을 전쟁터로 내보내어 일황에 충성하라고, 일제가 저지른 대동아 전쟁에 나가 목숨을 불사르라고 선동질하던 친일 부역과 연이 닿는 사람들이 그에게 동조하며 몰려들고 있다면 큰일이 아닐 수 없다.

그러니 지금이라도 기득권을 누리던 친일 인사와 그 후예들, 그들이 조국의 독립을 저해하기 위해 얼마나 고약한 짓을 저질렀는지, 그들이 끼친 민족적 해악이 얼마나 큰지, 지금이라도 친일청산이 반드시 이루어져야 하는 엄숙한 역사적 의미와 당위가 여기서 출발한다. 제 나라와 민족 앞에 저질렀던 매국과 매족, 비열과 비겁을 가리기 위해, 반공이라는 명분으로 제 민족을 탄압하고 학살했던 이승만 박정희 전두환 이명박 박근혜로 이어지는 계보를 우리는 영원히 잊지 말아야겠다.

그리하여 필자야말로 글을 쓰는 문학인으로서 민족문제연구소에서 편찬한 친일인명사전에 등재된 친일부역 문인을 중심으로 그들의 행적과 친일 작품을 한겨레.온 지상에 다시 한번 작가별로 연재하기로 한다. 교과서에 실렸던 거의 모든 작품의 임자들이 적극적 친일 인사들이었으며 그들이 해방 이후의 정국에서도 약삭빠르게 기득권층을 형성해 오고 있음을 다시 한번 주지할 필요가 있다. 또한 투

표권이 있는 일반에게 모조리 알려져야 쇄신된 사회 분위기 아래 정의로운 정치권이 형성될 것 아닌가.

그간 독재정권의 삼엄함 속에서도 굴하지 않고 그들을 발굴, 연구해 오신, 학계와 작가 제위께 감사드리며 큰 용기로 역사의 틀을 바꾸신 고 임종국 선생! 이 지면을 통해 마음속 깊이 그분을 기리며 감사의 말씀 올린다.

2.누가 적극적 친일의 문사들일까!

- 김종한金種漢 그는 누구인가

**連峯제설**

地圖의 靜脈처럼
電線은 하이얀 山脈을 기어 넘어가오

첫눈을 밟고 와야 할
配達夫 오지 않아 그런 줄 없이 기다려지는데
銃소리에 놀라 깬 마을이
돌아누워 다시 冬眠하오

故鄕은 아니었소…… 그것은 茶房 벽에 걸린
風景畵였소

마을은 영원히 冬眠하는데 配達夫는 영원히 오지 않는데

빼어나 빛나는 하이얀 山脈을
電線은 영원히 기어 넘어가오

첩첩 산중에 연이은 봉우리만 보이는 깊숙한 마을, 겨우내 내린 눈으로 설국이 되어버린 온 산야와 들판, 하얗게 쌓인 빛으로 세상은 두절 되었다. 오는 이 가는 이 없고, 갈 수도 올 수도 없는 高絶 속에 하늘의 명처럼 배달부라도 올까 하지만 그의 발도 묶인 絶海孤島!

그 강고한 적막을 깨고 산맥을 넘어온 총소리에 놀라지만 마을은 뒤척이며 돌아누워 다시 깊은 겨울잠에 빠져든다. 산맥과 산맥을 넘어가는 전선을 "지도의 정맥처럼" 으로 표현하여 산맥만 보이는 시계의 완전한 침묵, 백야의 무성을 형상화했다! 흡사 영화 동막골이 연상되기도 하는 경치로 순백의 우리 산촌을 유린했던 대동아전쟁을 고발하는 한 편의 영상이라고 내 나름으로 평을 해본다.

### 고원의 시故園-詩

밤은 마을을 삼켜버렸는데
개고리 울음소리는 밤을 삼켜버렸는데
하나 둘…… 등불은 개고리 울음소리 속에 달린다.
이윽고 주정뱅이 보름달이 빠져나와
은銀으로 칠한 풍경을 토하다.

어스름 저녁이던 시간을 지나면 빛 한 점 없는 칠흑 같은 밤이 찾아온다. 온전한 암흑이 저녁을 점령할 때 개구리 울음소리는 절정을 이룬다. 수천 수백만 마리의 합창이 부시를 치는 듯 우리의 달팽이관을 화끈거릴 때 마을은 하나둘, 하나둘 점점이 등불이 암흑에 점을 찍는다. 구름에 가렸던 보름달이 일그러진 얼굴을 내민다. 삼라만상에 은빛을 쏟아부으면서……. 달아 달아 밝은 달아 이태백이 놀던 달아, 우리 민족 정서에 나오는 달은 주선이었던 이태백이 놀던 달이다. 취하지 않고는 시가 나오지 않았다던 이태백, 시취로 읽는 밤 풍경이다.

친일작가들은 대체로 우리가 배웠던 중고등 교과서에 실렸던 사람들인데 김종한 그는 낯설다. 위의 시들은 폐결핵이라는 지병으로 해방을 못 보고 죽은 천재가 친일하기 전의 시편들이다. 그는 1914년 함경북도 경성군 명천에서 태어났다. 호는 고구려 고국천왕 당시 명재상의 이름을 따 을파소이다.

여섯 살 때 큰 집에 양자로 가면서 생모와 백모 사이에서 혼란한 유년기를 보낸 그는 「가을비」 「하소연」 같은 시를 조선일보에 발표할 때가 1928년, 15세다. 1934년에는 「임자 없는 나룻배」로 당시 유행하던 소곡 현상공모에 당선하는가 하면 다음 해에는 「베 짜는 각시」로 조선일보 신춘문예에 당선, 또 다음 해인 1936년에는 「망향곡」으로 동아일보 신춘문예에 당선되며 문단의 총아로 등극한다. 다음 문단에 나온 것은 1939년 정지용의 추천이었지만 그는 37년에 다시 조선일보 신춘문예에 도전, 또 한 번 당선되어 기염을 토한다. 그에게 유독 상복이 많았던 것일까. 하지만 그의 시 속에는 번뜩이는 천재가 보이는 것이 시인하고 싶지 않지만 사실이다.

### 살구꽃처럼

살구꽃처럼
살구꽃처럼
電光 뉴스臺에 하늘거리는

전쟁은 살구꽃처럼 만발했소.

음악이 혈액처럼 흐르는 이 밤

살구꽃처럼
살구꽃처럼 흩날리는 낙하산 보대
낙하한들 꽃이 아니랴
쓸어 무삼 하리오.
음악이 혈액처럼 흐르는 이 밤.

청제비처럼 날아오는 총알에
맞받이로 정중선을 얻어맞고
살구꽃처럼 불을 토하며
살구꽃처럼 떨어져 가는 융커기(機)

음악은 혈액처럼 흐르는데

달무리 같은
달무리 같은 나의 청춘과
마지노선(線) 과의 관련, 말씀이죠
제발 그것만은 묻지 말아 주세요.
음악은 혈액처럼 흘러 흘러
고향 집에서 편지가 왔소
전주 백지 속에 하늘거리는

살구꽃은
살구꽃은 전쟁처럼 만발했소

음악이 혈액처럼 흐르는 이 밤
살구꽃처럼 차라리 웃으려오

음악이 혈액처럼 흐르는 이 밤

전쟁처럼
전쟁처럼 살구꽃이 만발했소.

대동아 전쟁을 살구꽃 만발로 찬양하고 있다. 그러나 일제가 일으키는 전쟁을 온전히 받아들일 수 없는 청년의 고뇌가 엿보이기도 한다. 음악이 무엇 때문에 섬뜩한 피, 혈액처럼 흐를까. 또한 쏟아지는 포화 속의 전장의 모습을 살구꽃이 만발했다는, 자신이 처한 현실이 현실이 아닌 듯 객관화시킴으로써 차가운 시선으로 전장을 형상화 시키고 있다. 위의 시편 또한 전쟁을 궁극적으로 찬양하고 있어 친일 시로 분류하고 있지만 전쟁의 참상 자체를 풍경을 보는 듯 서정성 속에 회화성을 드러내고 있다.

그를 추천한 정지용이 언급한 것처럼 그의 시는 감각적이다. 시각적이고 공감각을 불러일으킨다. 그가 요절하지 않았다면 미당을 능가하는, 시에 있어서 소리와 색채의 마술사가 되지 않았을까. 회화를 보는 듯 언어가 탄생시킨 그림과 그림들이다. 야수파 그림에 심취했다던 이력 때문이었을까. 독특한 한국적 애상과 향토적 풍광 속에 모던을 덧입힌 솜씨가 오늘날 모더니스트들의 뺨을 치고도 남는다.

경성군의 경성보통학교를 졸업한 김종한은 잠깐 일을 하다가 1937년에서야 일본으로 유학을 떠난다. 니혼(日本)대학 전문부 예술과에 입학한 김종한은 1939년 문장 지면에 「나의 작시설계도」를 발표, 우리나라 현대시사 최초로 선시禪詩 이론을, 시문학의 정도正道에서는 순수 시론을 펼치기도 했다.

40년 졸업한 후에도 바로 귀국하지 않고 도쿄의 〈부인화보사〉 혹은 〈해양문화사〉 등에 근무하면서 시와 평론을 발표했으니 문인으로 행세하기는 일본에서부터였다고 해도 과언이 아니다. 그가 귀국한 때는 태평양 전쟁이 극심하던 1942년으로 그는 조선총독부 산하 어용 지면인 〈국민문학〉과 〈매일신보〉의 기자로 근무하면서 별 저항 없이 친일 작품을 쓰기 시작한다.

바로 해방 전, 평소 지병이었던 결핵으로 쓰러지기 단 몇년 동안 22편이나 되는 친일시와 선동 글을 써댔으니 그가 얼마나 일제에 경도되었었는지 알만한 일이다. 이른 나이에 친일한 경우 대체로 강권이 아니라 자발적인 친일을 했다던데 김종한 그도 이에 속하는 인물임에 틀림 없다.

42년 5월 조선 징병제 실시가 결정되자 징병제 선전 선동에 동원된 그는 1943년 1월 매일신보에 "전쟁은 아름답고 위대하다."라는 글을 발표한다. 그 글은 와세다 재학 중 좌익활동을 하다가 황국 신민으로 다시 태어나 중일전쟁 군속으로 자원했다가 전사한 '김형' 이라는 조선 청년의 아버지를 취재하고 그 취재기를 올리면서 그의 친일은 본격적으로 드러나기 시작했던 것이다.

**원정 –**

해묵은 돌배나무에 늙은 원정은/ 능금의 애가지를 접목하였다/시퍼렇게 날이 선 칼을 놓고/추워보이는 유리빛 하늘에 담배 연기를 흘려보냈다/ 그런 일이 성공할까요 하면서/원정의 아내는 저으기 고개를 갸웃하였다/이윽고 철쭉꽃이 매소하였다/이윽고 버들은 음탕하였다 해묵은 돌배나무에도 변명하듯이/두 송이 반의 능금꽃이 피었다/그런 일도 성공하는군요/원정의 아내도 비로소 웃음 지었다 그리고/버들은 실연하였다/그리고 철쭉꽃은 노쇠하였다/내가 죽어버리고 난 다음에는/늙은 원정은 생각하였다/이 가지에도 능금이 열려주겠지/그리고 내가 잊혀져 버릴 무렵에는… /아닌게 아니라 원정은 죽어버렸다/아닌 게 아니라 원정은 잊히고 말았다/해묵은 돌배나무에는 추억처럼/능금의 볼이 자기를 휘일 듯이 빛나고 있었다/그런 일도 성공하는군요/원정의 아내도 지금은 죽고 없다.

〈국민문학- 42년 1월〉

내선일체를 간절히 바라는 친일시로 돌배나무와 능금의 애가지를 접붙이는 것으로 조선과 일본이 하나가 되어 근본이 잊혀지는, 어느 미래에 두 개의 민족이 한 개의 민족이 되는 것을 형상화 한 시로 실로 오욕이 느껴지는 작품이다.

**모자 -**

엄청나게 많은/ 모자의 흐름 속에/ 네 모자도 흐르고 있다/ 아우여!/지금은 즐거운 등교시간/ 졸업하면/군인이 되겠다는/원기가 흘러넘쳐/ 모자 천장에/그럴듯한 바람구멍을 내어버렸다/ 군인이 되겠다는/ 아우여! 훌륭하지 않은가/ 따뜻하게 비치는 아침 태양을 맞으며/ 네 모자는/ 망가진 철모보다 아름답구나

〈국민총력 1943년 8월〉

1943년 8월 징병제가 시행되자 국민이 총력을 기울여 태평양 전쟁의 필승을 향해 나아가야 한다. 교모를 쓰고 교복을 입고 등교하는 학생의 물결을 바라보며 반드시 커서 전쟁에 나갈 군인이 되라고 아주 자연스러운 발상으로 모자와 모자의 물결을 보면서도 징병제 찬양에 입각해 있다.

**유년 - 징병의 시**

한낮의 오후/하고 어느 대문 밖에서 그 집 꼬마가/ 글라이더를 날리고 있다/ 그날이 5월 8일이라는 사실도/ 이 반도에서 징병이 실시된 날이라는 사실도/ 모르는 듯 오로지 꼬마는/ 보조 날개의 실을 감고 있었다/ 머지 않아 10년이 지나리/ 그러면 그는 전투기에 승무할 게 틀림 없다/하늘의 층층대를 꼬마는/ 지난밤 꿈속에서 올라갔었다/ 그림책에서 본 것보다 아름다워서/ 너무나도 높이 올라갔으므로/ 푸른 하늘 속에서 오줌을 쌌다.

〈국민문학 1942년 7월호〉

동네 꼬마가 종이비행기를 날리는 것이 눈에 띄어도 병사로 전쟁에 나갈 인력으로 보고 있으니, 이 꼬마의 부모가 이 사실을 안다면 얼마나 끔찍했을까. 안전한 책상 앞에서 누구의 목숨을 내놓으라고 선동질이냐. 너희 동생이 있느냐, 너희 형이 있느냐. 아니면 그렇게 전쟁에 나가 총알받이가 되고 싶으면 본인이 자원 하여 산산이 흩어져 산화하든가. 그냥 죽었으니 일제에 그 목숨 바치지 못하고 죽었으니 아까워 어쩌냐. 너는 뭐하고 남의 자식들 전쟁에 나가 공을 세우라고 선동질이냐! 잘 놀고 있는 남의 집 꼬마를 보고 10년 후면 전투기를 탈 것이 틀림없다고? 3년 후에 일본이 패망하고 말았으니 원통하여 이는 지하에서 통곡하고 있지 않을까.

**님의 부르심을 받들고서**

바다로 가도 좋지 않은가/그 싱싱한 파랑의 화원/ 시간과 역사가 무시되는 곳/함대는 물결의 산맥을 기어올라/ 물결의 곡간에 미끄러지고… /산으로 가도 좋지 않은가/ 너울너울 쉬고 가는 구름의 침대/ 풍속과 인정이 초절되는 곳/ 밀림을 헤치고 고산식물에 멈춰서면/전우는 여동생처럼 아름답고/때로는 전투기에 매어달려/ 하늘의 층층계를 올라가도 좋지 않은가/성층권 꿈 저쪽의 비상에는/스무살의 지도와 축제가 펼쳐지고/구름을 물들이는 충성의 피는/ 형제와 동포의 가능을 길 닦는/날씬한 전투기의 날개에 매어달려

〈국민문학 1943년8월〉

징병제 실시를 기껍게 받아들이고 찬양하는 시로 남아의 기

개나 용기를 부추기고 있다. 일제에 충성하라, 일황에 충성하라, 황국민이 되자, 조선민에게도 전쟁에 나갈 의무를 부여했으니 기꺼워해야 하는 것 아닌가, 하는 식의 찬양과 권유가 아니라 순수한 남아의 전투적인 남성성에 파고드는 문장이다. 아직 정체성이나 역사의식이 확고하지 못한 상태의 어린 소년이나 청년들을 향해 전쟁에 나갈 것을 충동질, 선동질하고 있다.

다른 친일 시인들의 작품과 김종한의 친일 시의 다른 점이 여기에 있다. 또한 그는 소재를 발굴하는 데도 남다른 심혈을 기울이고 대단한 발상에 닿아 있다. 제복을 입고 제모를 쓰고 등교하는 학생, 글라이더를 날리는 꼬마, 그리고 돌배나무와 능금나무를 접붙이는 등에서 그는 아주 자연스럽게 원초적 충동을 자극하고 인간의 속성에 파고들어 영혼을 잠식하는 방법을 구사하고 있다.

**해양과 조선문학 -**

금번의 해군특별지원병제의 결정은 조선의 해양문학에 새로운 영역과 가능을 가져왔다고 볼 수도 있을 것이다. 만엽을 애독하는 사람들에게는 아국에도 해양문학에 관한 위대한 고전이 있다는 것을 즐길 수가 있을 것이다. 우리가 생각할 것은 미영의 해양정신은 해적정신에 기인한 것이요 일본의 해양정신이란 황실을 중심으로 한 자기희생의 정신이었다.

〈매일신보 1943년 5월〉

해군 특별지원병제 실시에 대해 드디어 조선에도 해양문학을 할 수있는 기회가 온 것이 아니냐!! 미영의 해양정신이란 해적 정신에 뿌리를 두고 있는 것이지만 일본의 해양정신이란 황실을 모시는 자기 희생정신이라고 비틀어 찬양하고 있다. 일본의 학도병제가 없어서 우리가 해양문학을 할 수 없었단 말인가. 장보고가 지하에서 웃을 일이다. 이순신 장군께서 얼마나 통탄해 마지않으실까. 이렇게 충성하여 이들은 징병을 모면하고 무엇을 얻었을까.

머리 좋은 놈들이 더 잔인한 범죄에 가담하듯, 친일시가 아닌 김종한의 초년의 순수시를 볼 때 거기에는 분명 천재가 번득인다. 그래서인지 다른 친일 인사들은 내선일체나 황국신민이 되라든가, 징병제에 순응하고 가담하자는 등의 일제가 강권하는 물리적 체제나 전쟁참여를 선동질하는 데 반해 이 김종한은 인간의 원초, 속성, 심리를 파고들면서 정신과 얼을 일제로 바꾸고 침식해 들어가는 방식으로 근원적으로 우리 민족의 영혼을 파괴하는데 기여하고 있어 친일문인 중에서 가장 나쁜 케이스에 속하는 것으로 보인다. 그는 피도 일제의 피, 뼈골 조차 일제가 녹아있었다.

**용비어천가**

용, 용이 승천한다/ 우리 동양에서는 / 새로운 세상이 창조될 때에는 /반드시 용이 승천한다.

〈국민문학 신시대 1944년 1월〉

김종한! 해방을 보지 못하고 죽었으니 안타깝다. 나가사끼와 히로시마에 떨어지는 거대한 버섯구름을 목격했어야 했는데… 일왕 히로히토의 무조건 항복 문서를 읽는 떨리는 육성을 들었어야 했는데… 그는 잡혀서 어느 광장에서 처형을 당해야 했던 것은 아닐까. 북간도, 삭북 하늘 아래 밀정에 잡히고 일본군에 효수된 독립군의 목들이 저잣거리에 매달려 사위어 갔던 것처럼 그의 효수된 목은 어디에 매달아야 했을까! 그러나 이들도 모두 희생자임에 틀림없다. 일제 침략이 없었다면 그가 친일시편을 남기지는 않았을 것 아닌가. 그 모두 일제가 원수다.

드디어 그는 용비어천가를 씀으로써 일제에 최고의 아부와 충성에 낙관을 박았다. 이런 친일시편들을 읽고 얼마나 많은 청장년이 충동으로, 고무되어, 강권으로 일제 총알받이로 나갔을까? 듣도 보도 못한 남양군도에서 값없이 이름도 없이, 일제의 천하에 못된 야욕에 죽어갔을 아까운 우리 민족의 아들들, 피맺힌 이들의 한을 이렇게라도 하여 털끝만이라도 갚을 수 있을까!■

# 친일부역에서 미 군정의 다리사이

친일부역에서 미 군정의 다리사이

6·25동란이라는 한국전쟁 주기만 다가오면 곳곳에서 시 "국군은 죽어서 말한다."가 낭송된다. 자연스럽게 작가 모윤숙과 더불어 떠오르는 인물이 있다! 〈크리슈난 크리슈나 메논〉! 해방정국에서 한국에 파견된 유엔본부 위원장의 이름으로 인도인이다. 수십 년 외교관 생활 속에서 여인으로 인해 혼란을 겪었던 것은 전무후무하게 한국에서 모윤숙이었노라, 술회한 사람으로 당시 세간에서는 모윤숙을 건국의 어머니, 메논은 건국의 아버지라 비아냥거렸다.

단독정부는 절대 안 된다는 메논의 생각을 몸 바쳐 바꿈으로써 우리의 조국을 동강내는데 그녀는 일조하고 본인은 애국했다고 자랑질을 했다고 한다. 스스로 논개가 되었노라고 뇌까려 댔지만 어디다 논개를 비유하랴! 지하에서 논개의 한숨이 들린다.

모윤숙은 1910년생, 일제 강점기 때 친일 시인으로 함경남도 원산이 고향이다. 중고등 교과서에도 실려 당시 모윤숙 시를 가르치

▲좌로부터 모윤숙 노천명 김활란-낙랑클럽의 삼인방

는 선생에게 "모윤숙은 친일파입니다."라고 소리쳤다가 선생에게 뺨을 맞은 학생은 훗날 다시 선생이 되어 교단에 선다. 아직도 교과서에 떡 버티고 있는 친일 시인 모윤숙을 다시 만난 교실에는 따귀를 때릴 선생도 맞을 학생도 없었다. 그녀는 친일파였다고 후학들에게 단초의 망설임없이 천명함으로써 그는 명예로운 해직교사가 되고 만다. 이 분이 바로 후일 충남 교육감이 되었던 김지철 선생이다.

이런 웃지 못할 숱한 일화들을 남기며 청산되지 못한 친일부역의 역사는 얼마나 많은 이들을 괴롭히고 지금까지도 사회적 혼란과 악을 양산하고 있는가.

그녀는 그저 막연한 친일파가 아니라 시로 문장으로 언설로 우리 민족의 아들딸들에게 황국민이 되자고, 내선일체를 주장하던 적극적 친일에 앞장서 반역에 가담한 부역자附逆者의 한사람이었다.

일제가 태평양 전쟁 중일 때 각종 친일단체에 가입하여 강연에 열을 올리는가 하면 저술 활동으로 전쟁 협력에 혁혁한 공을 세운 여성 중 노천명과 함께 서로 앞을 다투는 인물이다. 더구나 김활란 노천명과 더불어 세 여인은 일제 위안부를 차출하기에 열성인 여성들이었다니 이들의 입에서 가슴에서 나온 시와 산문이 뛰어난들 무엇하랴!

조선문인협회 간사로, 임전대책협의회, 조선교화단체연합회, 조선임전보국단 등에 가입하고 참여하여 일제 전쟁에 대책을 강구하고 병사를 모집하여 전장터로 내보내고 전쟁물자를 조달하는데 열과 성을 다했다고 한다. 온갖 것을 빼앗기고 농토까지 일제에 수탈당해 목숨을 부지하기도 버겁던 우리 민족들! 대동아공영이란 얼마나 성스런 논리인가. 영미를 타도하여 동방이 하나 되는 대업에 너도나도 목숨 바쳐 싸워서 성은에 보답하자는 감성적 글들을 국민문학에 매일신보에, 신시대에, 삼천리에 번갈아 실으며 그녀는 친일 문명을 떨쳤던 인물이다. 또한 해방정국에서는 미 군정 앞잡이가 되어 나라를 쥐락펴락했으니 가히 난 여성이라 말해야 할까!

반민특위가 사라진 이후 어떤 제재도 없이 1949년에는 『문예예술』이라는 문학잡지를 창간하는 등, 산문집 『렌의 애가』로 문인의 자리를 굳혔던 그녀는 문학진흥재단 이사장을 지내는가 하면 1981년에는 대한민국 예술원 회원이 되기도 한다. 끝내는 국민훈장 모란장이 서훈 되었으며 사후에는 금관문화훈장이 수여되기도 했다. 그뿐인가 생전에는 예술원 문학부문상, 이화여대 문화공로상 등 다양한 채널과 국가로부터 더 이상 화려할 수 없는 수상 경력까지 그녀의 이력에 한몫하고 있다. 평생을 통털어 한번 주어질까 말까 한 상들이 일제에 충성, 조국에 반역한 이 여인에게는 그렇게 많이 수여된 것을 우리 국민은 얼마나 알고 있을까.

해방 73돌을 맞아 친일문인 기념문학상 폐지를 주장하는 민족문학연구회 회원들! 3·1 혁명이란 이웃 나라를 침략한 일제의 잔인무도에 견디다 못한 우리 민족이 거족적으로 일으킨 민족해방 거사 아닌가. 유구한 역사와 문화를 자랑하는 우리 민족, 과거 미개한 일본에 선진화 된 문화와 문명을 전해주던 한민족을 유린하는 일제를 응징하고 식민주의를 꿈꾸는 세계만방에 평화를 표방 선포하며 일어선 3·1혁명의 정신! 수운이 꿈꾸던 동학혁명의 정신! 그 정신을 기리고자 발족된 단체가 3·1문화재단 아닌가. 침략자 일제를 위해 민족의 아들과 딸들을 총알이 튀는 전선에 나가 목숨을 초개같이 버리라고 열과 성을 다해 역설하던 그녀에게 3·1문화상이라니! 이는 실로 만행이다. 이 꼬이고 꼬인 역사를 어찌하랴!

혹시 청산되지 못한 역사의 오류가 3·1문화재단까지 그 세를 뻗치고 있는 건 아닌지. 모윤숙을 비롯한 자발적 친일문인들에게 3·1문화상이 수상 되고 있다면 문제가 아닐 수 없다. 선대가 이룩하지 못한 이 엄중한 사태를 지금이라도 속히 바로 잡아야 하는 것은 이 시대를 살아가는 우리들의 역사적 책임이요 의무일 것이다. 목이 길어서 슬픈 짐승을 그려 낸 사슴의 시인 노천명과 함께 모윤숙은 이화여자대학교를 나온 재원이었다. 제 정권을 창출하기 위해 단독정부를 수립할 목적하에 김구 선생을 비롯한 독립투사들을 암살하고 반

▲고위급 관리와 미군 장교들과 낙랑클럽의 한 때!

공을 내세워 수십만 제 민족의 학살을 주저하지 않았던 이승만! 그를 도와 남한만의 단독정부 수립을 위해 메논의 생각을 꺾고 유엔에서 연설까지 하는 등 그녀의 맹활약은 애국이던가!

미 군정을 돕는다는 명분으로 고급 비밀사교장 낙랑클럽에 퀸으로 행세하던 모윤숙은 당시 이화여대 총장 김활란과 단짝이 되어 이화여대를 나온 여류 들 중 영어가 되는 소위 교양있는 여자들을 동원하기에 이른다. 이 클럽을 만들기를 제안했던 이승만과 그 부인 프란체스카가 이 사교 클럽의 운영자금을 전적으로 지원했다고 한다. 말이 좋아 사교 클럽이지 미 군정 보고서에서조차 사교를 넘은 이 클럽의 방종을 표현하고 있다니 미 군정을 위해 국가에서 비밀 매춘클럽을 운영했다는 말 아닌가. 그래서였던가. 기억을 더듬으면 당시 우리보다 윗세대들이 흔히 읊조리던 말씀이 생각난다. "이대 나온 년들이 미군 화냥년들이다."

일제 식민지에서 벗어나 나라가 과연 어디로 가야 할지 향방을 가늠하기 어려운 시절! 일제 식민지 때는 일제 부역에 앞장서고 해방정국에서는 국제회의에 대한민국 대표로 참석하는 등, 여전히 눈부신 활약을 하며 자신의 입지를 공고히 했던 그녀는 과연 어떤 은유로 문장으로 내 민족의 아들딸들에게 일제에 목숨을 기꺼이 바치라 했을까?

**「어린 날개, -廣岡(히로오카) 少年航空兵(소년항공병)에게」**

날러라 맑은 하늘 사이로/억센 가슴 힘껏 내밀어/산에 들에 네 날개 쫙 펼쳐라./꽃은 웃으리, 잎은 춤추리.//아름드리 희망에 팔을 벌리고/큰 뜻 큰 세움에 네 혼을 타올라/바다로 광야로 날으는 곳마다/승리의 태양이 너를 맞으리.//고운 피에 고운 뼈에/한번 삭여진 나라의 언약//아름다운 이김에 빛나리니/적의 숨을 끊을 때까지/사막이나 열대나//솟아솟아 날러가라.//사나운 국경에도/험준한 산협에도/네가 날러 가는 곳엔/꽃은 웃으리 잎은 춤추리라.

**「여성도 전사다」, 임전보국단 연설문 일부**

우리는 높이 펄럭이는 일장기 밑으로 모입시다. 쌀도, 나무도, 옷도 다 아끼십시오. 나라를 위해서 아끼십시오. 그러나 나라를 위해서 우리의 목숨만은 아끼지 맙시다. 아들의 생명 다 바치고 나서 우리 여성마저 나오라거든 생명을 폭탄으로 바꿔 전쟁마당에 쓸모 있게 던집시다.

**「지원병에게」의 일부**

눈은 하늘을 쏘고 그 가슴은 탄환을 물리쳐 / 대동양의 큰 이상 두 팔 안에 꽉 품고 /달리여 큰 숨 뿜는 정의의 용사 / 그대들은 이의 광명입니다 대화혼大和魂 억센 앞날 영겁으로 빛내일/ 그대들 이 나라의 앞잽이 길손 /피와 살 아낌없이 내어 바칠 반도의 남아 /희망의 화관입니다

**「아가야 너는 — 해군 기념일을 맞이하여」**

아가야! 조개잡기 즐겨 모래성을 쌓고/땅에서보다 물에 놀기 좋아하는 너 그 못 잊어온 바다가/이제 너를 오란다/이제 너를 부른다/해군모 쓰고 군복 입고 나오란다/대동아를 메고 가란 힘찬 사명이/넓은 바다 한가운데서 너를 부른다/사나운 파도 넘어/네 원수를 물리쳐라/너는 아세아의 아들/대양의 용사

**「동방의 여인들」**

비단 치마 모르고 /연지분도 다 버린 채 /동아의 새 언덕을 쌓으리다 온갖 꾸밈에서 /행복을 사려던 지난 날에서 /풀렸습니다 벗어났습니다 들어보세요 저 날카로운 바람 새에서 /미래를 창조하는 /우렁찬 고함과 쓰러지면서도 다시 일어나는 /산 발자욱 소리를 우리는 새날의 딸 /동방의 여인입니다

**「호산나 소남도」**

소남도 2월 15일 밤! /대아시아의 거화! 대화혼의 칼을 번득이자 /사슬은 끊이고 네 몸은 /한 번에 풀려 나왔다 처녀야! 소남도昭南

島의 처녀야! 거리엔 전승의 축배가 넘치는 이 밤 /환호소리 음악소리 천지를 흔든다 소남도! /대양의 심장! /문화의 중심지! 여기 너는 아세아의 인종을 담은 채 /길이길이 행복 되라 길이길이 잘살아라

싱가폴이 함락된 날을 기념하는 위의 시는 여러 친일 시인들의 작품에서 역시 많이 발견되는 내용의 시다. 모윤숙도 어김없이 싱가폴 몰락의 밤을 「호산나 소남도」라는 제목으로 찬양하고 있다.

수사가 거의 동원되지 않아 어렵지 않게 읽히는 그녀의 친일 시들은 너무나 적나라해 소름이 돋는다. 연합군이던 미국과 영국을 타도하는가 하면 대동아를 일제라는 한 주머니 안에 넣으려는 八紘一宇, 정말 무모하고 짐승과 같은 미개한 일본에 충성을 다하고 해군으로 공군으로 육군으로 나가서 혼이나마 일본이 되라고 되어야겠다고 시를 짓고 글을 쓰던 인물들에게 어떻게 훈장은 서훈되고 3 · 1문화상은 수여되었을까? 이는 친일부역인 한 명도 죗값을 묻지 못했던 나라와 그 역사가 고스란히 감내할 수밖에 없는 결과물이다.

쌀도 나무도 옷도 모두 아끼는데 목숨만은 아끼지 말라고, 피와 살을 모두 바칠 반도의 남아? 희망의 화관? 아들의 생명까지 다 바치고 나면 여성까지 생명을 폭탄으로 바꿔 전쟁마당에 던지자고? 열심히 싸우고 꼭 살아서 돌아오라는 빈말 하나가 없다. 평생에 후손을 두지 못했던 인물이라 남의 목숨이 그렇게 하찮은가.

어떻게 민족의 원수 나라를 위해 전쟁터에 나가라고 산화하여 충성하라고 시를 지어서 바치느냔 말이다. 남의 목숨이 그렇게 하

찮거든 모윤숙! 당신이 가미가제 특공대로 공군복을 입고 직접 폭격기와 함께 목표물을 들이받고 산산히 박살 나서 산화라도 할것을…… 그렇게 충성하던 일황의 황군이 되어 기꺼이 목숨을 바칠 것을…… 당신 하나라도 더 일제에 충성하고 목숨을 바치잖고 왜 일본을 패망시켰소! 모윤숙이여, 분통하도다!!

이 지면에 구태여 친일 시를 싣는 것은 이 비겁한 친일 시들을 접함으로써 그들이 어느 정도의 깊이와 농도로 친일을 했는지 그 실체를 알리고 적개심에 불을 붙이기 위함이다. 그래야 피상적으로만 듣던 친일이 얼마나 추악하고 비겁하게 행해졌는가를 알 수 있지 않겠는가. 그래야 아직도 끝나지 않은 친일왜구의 잔재, 끝없이 모략과 획책으로 국가의 기틀을 흔들고 시민사회의 사분오열을 도모하고 부추기는 적폐의 근원을 뿌리 뽑는데 국민 모두가 동참할 것 아닌가! 적어도 친일파가 분명한 사람을 대권 주자로 따라다니는 일은 없어야 할 것 아닌가.

이런 매국 중의 매국노를 향해 1999년 9월 4일 중앙일보에는 시인 모윤숙씨 시비 건립을 둘러싸고 하남시 문화원과 시민단체 간에 논란이 뜨겁다는 기사가 난 일이 있다.

하남시뿐이겠는가. 그녀의 시비는 도처에 세워져 있다. 민족반역자, 친일부역자, 반민족행위자라는 수식어는 모두 죽고 미 군정이 끝난 평화정국에서 그녀는 80세를 일기로 사망할 때까지 모든 문학써클의 장이요 대표이며 이사장을 역임하며 문인으로는 더 할 수 없는 영광의 나날을 보냈다. 그렇게 화려한 나날 속에 그녀에게 반성할 순간은 주어졌을까. 민족반역의 댓가가 이렇게 찬란하다면 누가 반역을 저지르지 않으리요! 이승만으로 시작한 독재정권의 터널을 지나왔지만 반민족 행위자 단 한 명도 청산하지 못한 나라, 이것은 정말 부끄럽기 짝이 없는 역사임에 틀림 없다.

**「국군은 죽어서 말한다.」**

산 옆 외따른 골짜기에/혼자 누워있는 국군을 본다/아무 말 아무 움직임 없이/ 하늘을 향해 눈을 감은 국군을 본다//나는 죽었노라 스물다섯 젊은 나이에/ 대한민국의 아들로 나는 숨을 마치었노라/ 질식하는 구름과 바람이 미쳐 날뛰는 조국의 /산맥을 지키다가/드디어 드디어 나는 숨지었노라//후략...

그 지경인 가운데, "국군은 죽어서 말한다"를 여기저기서 돌에 새기니 누가 간섭할 수 있으랴! 홀로 암송하고 다닌들 누가 그를 제지하리요. 그러나 나라와 민족을 배반한 이들을 위해 국민의 혈세를 쓰고 그를 공식적으로 기릴 수는 없는 노릇 아닌가. 친일파들을 지금이라도 낱낱이 밝혀야 하는 당위는 너무나 넘쳐난다. 얽히고설킨 그 적폐의 원흉들에게 권력의 칼자루를 또 쥐어줄 수야 없지 않은가. 선거권자인 국민들이 고귀한 한 표를 제대로 던져야 할 것 아닌가!

그녀는 끝내 단 한 마디의 사과도 없이 아래와 같은 글귀를 돌에 새김으로써, 국민의 혈세를 낭비하는 해당 지자체와 함께 악에게 침식당한 비루한 영혼이었음을 다시 한번 여실히 보여주고 있다.■

# 미당 서정주 선생의 공적 지면

미당 서정주 선생의 공적 지면

최근 10월 25일 자 인터넷 한국일보에는 시인 박연준 씨가 조심스럽게 꺼내는 글이 있다. 「다시 본다, 고전」이라는 제목의 글을 격주 금요일 싣기로 했다며 첫 번째로 미당 서정주를 언급하고 있다. "애비는 종이었다…."로 시작하는 자화상의 작가 미당의 첫 시집 『화사집』을 추천하며 끝내는 글에는 다분히 미당을 다시 끌어올리는 뜻이 역력하다.

시인 박연준이 고등학교 때 처음 「자화상」을 통해 만난 서정주와 시詩라는 장르의 문학적 충격을 반추하면서 우리의 글을 다루는 미당의 천부적 재능은 그가 살아온 내력과는 분리해야 하는 것이 당연한 논리라며 미당의 삶이 아니라 작품만을 재평가해야 한다고 주장한다.

"그는 귀신이 돕는 시인이다. 그가 신의 목소리를 흉내 낼 때, 능글맞고 완벽하다. 이미 거장의 솜씨로 첫 시집을 빚은 뒤, 그는 한숨이 나올 정도로 좋은 시들을 줄줄이 써냈다. 전집을 읽어보면 태작

없이, 한국말을 이토록 아름답게 쓰는 게 가능한가." 라고 그를 신의 경지에 올리고는 친일과 독재자에게 찬양시를 바침으로써 지금 냉대를 받게 되었다고 역설한다. 시는 잘못이 없고. 시는 시인을 위해 태어나는 게 아니고, 독자를 위해서도 아니고, 우리 모두처럼 시는 태어나고 싶어서 태어난다고 극히 개인적 소회를 대한민국 주요 언론에 감히 올려 자신의 주장을 강요하고 있다.

위에서 박연준 시인이 언급했듯이 어떤 개인이 태어나든 어떤 행로를 걷든 어떤 시를 쓰든 누가 막을 것인가. 그러나 그가 태어나서 부려놓은 족적을 어찌하랴! 금을 부려놓은 사람은 금으로 남고 비겁을 부려놓은 사람은 비겁으로 남고 빛을 뿌린 사람은 끝내 빛나고 말 것이다. 누구의 씨이든 탄생은 축복해야 하고 존엄한 것이지만 그래서 태어나는 것은 자유이되 삶은 진실로부터 대체 자유롭지 못한 것 아닌가. 개인과 개인의 흔적이 시대의 다리를 밟고 역사가 된다.

더구나 지금 시국이 어떠한가. 어떤 이유에서든 친일과 왜구를 척결하지 못하고 오는 바람에 우리 민족정기는 혼탁해지고 그간 번성한 악의 쇠가시들이 개혁과 진보를 향한 애국적 발걸음을 부여잡아 한 보 한 보가 힘든 현실이다. 100년 적폐의 가장 근원에 친일이 있고 그를 털고 오지 못한 과오로 인해 지금 우리 발목은 썩어들어 가고 백척간두에 선 우리의 작금에 대해 박 시인은 어떤 진단을 내리는지 궁금하다.

헤아릴 수 없는 독립군들이 얼마나 쓰라린 세월을 살다 독립을 보지 못하고 죽어갔는가. 계구鷄狗처럼 죽어간 그들의 뒤에는 친일과 밀정이 한몫했다고 생각할 때 시 좀 여러 편 잘 썼다고 어떤 이의 죄가 가벼워지겠는가. 박 시인의 말처럼 미당의 행적이 무슨 수로 제거되고 지워지겠는가. 배설은 자유이되 매국노와 친일파로 사전에 등재될 것이며 이미 민족문제연구소에서 편찬한 『친일인명대사전』에 올라가 있지 아니한가.

더구나, 프랑스가 낳은 현대시의 비조 보들레르를 들먹이며 미당을 비견比肩하는데 이는 어불성설이다. 그는 금치산자로 판정받은 낭비벽이 심한 댄디였지만 매국은 하지 않았다. 아싯슈를 꼬냑에 타 먹고 시를 쓸지언정 학살자를 향해 찬양가를 읊진 않았다. 검은 미녀, 잔느 뒤발과 뒹굴지언정 정권에 아부하지 않았다.

"실제로 미당이 시인부락의 족장이 되어 어떻게 수십 년 동안 한국문단의 지배 권력자가 되어 '미당 신화' 가 사실로 조작되었는지 비평가 늘샘은 분석한다. 뿐만 아니라 '미당 신화' 가 어떻게 확대재생산 되어 유포되었는지 '미당 신화' 의 주범 '괴물 엘리트' 의 등장에 초점을 맞추고 있다. 그리하여 글쓴이 문학평론가 김상천은 "시대의 절망이 시적 재주를 낳고 결국엔 노예도덕으로 종결되고 마는 전형적인 사례" 로 미당을 꼽는 데 주저하지 않는다."

위의 글은 10월 26일자 한겨레.온에 실린 글의 일부이다. 「미당신화와 괴물 엘리트」라는 제목의 글로 『미당신화』라는 비평서를 통해 2017년에 완간된 미당 전집에 대해 혹독한 비판을 가한 늘샘 평론가의 글이 한겨레.온 하성환님을 통해 하루 전에 소개되기도 하는 요즘이다.

멀쩡한 대통령을 간첩이라느니, 빨갱이라느니, 죽여야 한다느니, 갖은 막말을 쏟아놓아도 잡혀가는 일 없고 총구멍이 나지 않으며 자유를 만끽하고 있지 않은가. 미당, 더구나 누가 시를 감상하지 말라 했나. 시를 암송하든 혼자만의 성소를 지어놓고 미당을 예배하든 누가 간섭할 수 있으랴! 작금은 유사 이래 가장 자유가 보장된 정권이며 시대 아닌가.

그러나 그를 범국민적으로 기릴 수는 없다. 나 개인을 포함한 우리라는 개념은, 민족과 문화라는 이름의 에리어(area)가 전제되며 이를 포함한 정신적이고 물리적인 지정학적 동류와 동질성이다. 이는 같은 문화권역으로 모든 것의 기초이다. 이 권역의 생명과 혼은 무엇으로도 침해받을 수 없으며 모든 것에 우선해야 한다. 목숨이 저당 잡힌 상황에서 무엇이 먼저일 수 있으랴! 그러므로 이를 배신한 이의 재능이 천부적인들 그의 정신 무엇을 기념비적이라 할 수 있는가.

문학상이란 무엇인가. 자손만대 국민들에게, 후학들에게 그의 정신과 공적을 받들라는 것 아닌가. 그의 매국 정신을 받들어야 할까. 국민을 학살한 독재자 살인범을 찬양한 것이 역사에 길이 남을 공로요 공적功績이란 말인가. 그래서 당연히 제정되지 말아야 할 상이었으며 그간 17년이나 지속 되어온 것은 척결되지 못한 친일독재 세력의 득세와 무관하지 않다.

다행스럽게 촛불 탄핵과 개혁의 실현을 눈앞에 보고 있는 지난해에 와서야 미당문학상은 역사 속으로 사라졌다. 한국작가회 소속 〈자유실천위원〉들의 끈질긴 행동실천으로 〈친일문인기념문학상 폐지운동〉의 첫 번째 성과였다. 그러나 정권이 바뀌면 다시 그 모습을 드러낼 수도 있다. 우리나라 메이저 언론 중의 하나인 중앙일보가 제정한 미당문학상은 자유실천위원회를 비롯하여 날로 높아가는 반일 정서에 힘입어 전격적으로 폐지되었다.

그의 시를 텍스트로 하든 우러러보든 개인의 자유이되 공적公的으로 기릴 수는 없다. 박연준 시인의 이번 글이 그간 미당문학상 심사위원과 수상자들의 뜨거운 면면에 열기를 빼기 위한 작업의 일환인지는 모르겠으나 그도 공적公的인 지면에서 떠들 일은 더욱 아니다. ■

# 사슴으로 불리우던 노천명!

- 위안부 차출에 힘을 쓰던 삼인방의 하나

사슴으로 불리우던 노천명!

- 위안부 차출에 힘을 쓰던 삼인방의 하나

눈물 어린 얼굴을 돌이키고
나는 이곳을 떠나련다
개 짖는 마을들아
닭이 새벽을 알리는 촌가村家들아
잘 있거라
별이 있고
하늘이 보이고
거기 자유가 닫혀지지 않는 곳이라면-

위는 「고별」이라는 제목의 시 마지막 구절이다. 노천명 1951년 작품으로 『별을 쳐다보며』라는 시집에 실린 작품으로 한국전쟁 중 감옥에 있었던 그녀는 여러 편의 시를 썼다고 한다. 피난 가지 못하고 있다가 임화 등과 함께 〈조선문학가동맹〉에 참여하는 등으로 9·28 수복 후 부역 죄인으로 20년 형을 선고 받지만 같은 문인들의 탄원으로 6개월여 옥고를 치르고 출옥한다.

"… 목이 길어서 슬픈 짐승이여!" 하는 「사슴」의 시인으로 알려진 노천명의 작품은 누구보다도 서정성이 높고 아름다워 대한민국에서 중고등 이상의 수업을 받은 사람이라면, 어느 가슴엔들 살아있지 않으리요. 세간에 사슴의 시인으로 불렸지만 정작 사슴의 시인은 당시 백석이었다. 외모가 훤칠하여 그를 좋아하는 여성들이 많았을 뿐 아니라 백석 첫 시집의 제목이 『사슴』이어서 당시에는 백석이 사슴 시인으로 불리웠다고 한다. 더구나 백석을 좋아해 그에게 프로포즈 했다가 거절당한 노천명에게 있어서는 사슴 시의 한 소절인… 젊잖은 편 말이 없구나!" 의 당사자가 백석 아니었을까.

평생을 독신을 고수했던 까칠한 성격으로 알려진 노천명이 친일로 변절하기까지는 일제로부터의 획책과 강요가 전제되었을 것으로 미루어 짐작하며 안타깝게 매달려 본다.

1911년 황해도 장연 출생인 그녀는 병약할 뿐만 아니라 6세 때 홍역을 크게 앓아 기적적으로 살아났다고 한다. 본래의 이름 노기선을 버리고 노천명이라는 이름을 얻게 된 이유다. 9살에 부친을 잃고 어머니의 친정 쪽 서울로 이사 와 명문이던 진명여자보통학교 졸업 후 이화여전 영문과를 졸업한 재원이다.

따라서 이화여전을 나온 모윤숙과 자별하게 지냄으로써 그녀의 친일은 가깝고 자연스럽게 시작된 것 아닐까. 일제 때는 모윤숙과 더불어 일제 종군 위안부 차출에 힘을 쓰는 삼인방의 하나였다니 이 믿을 수 없는 사실 앞에 우리는 유구무언이다. 또 한 해방 직후 미군정시절에는 이승만이 제안하고 지원했던 국가 비밀사교클럽, 낙랑클럽의 회원이기도 했다. 말이 좋아 사교 클럽이지 미군 고위직을 상대하는 매춘클럽이었다고 여기저기 문헌에 나오니 이 무슨 해괴한 치욕인가.

그녀가 최초로 문단에 나온 것은 대학교 재학시절 〈신동아〉 잡지에 「밤의 찬미」와 「포구의 밤」(1932년 6월호)을 발표하면서이다. 대표 시 「사슴」 말고도 친일에 적극적으로 부역한 시인이라는 사실을 잠깐 잊게 하는 시편들이 그녀에게는 너무나 많다.

### 저녁별

그 누가 하늘에 보석을 뿌렸나
작은 보석 큰 보석 곱기도 하다
모닥불 놓고 옥수수 먹으며
하늘의 별을 세던 밤도 있었다
별 하나 나 하나 별 두울 나 두울
논 뜰엔 당옥새 구슬피 울고
강낭수숫대 바람에 설렐 제
은하수 바라보면 잠도 멀어져
물방아 소리-들은지 오래
고향 하늘 별 뜬 밤 그리운 밤
호박꽃 초롱에 반딧불 넣고
이즈음 아이들도 별을 세는지

## 이름 없는 여인이 되어

어느 조그만 산골로 들어가
나는 이름 없는 여인이 되고 싶소
초가지붕에 박넝쿨 올리고
삼밭엔 오이랑 호박을 놓고
들장미로 울타리를 엮어
마당엔 하늘을 욕심껏 들여놓고
밤이면 실컷 별을 안고
부엉이가 우는 밤도 내사 외롭지 않겠소
기차가 지나가 버리는 마을
놋양푼에 수수엿을 녹여 먹으며
내 좋은 사람과 밤이 늦도록
여우 나는 산골 얘기를 하면
삽살개는 달을 짖고
나는 여왕보다 더 행복하겠소

## 남사당

나는 얼굴에 분을 하고

삼단같이 머리를 따 내리는 사나이
초립에 쾌자를 걸친 조라치들이
날라리를 부는 저녁이면
다홍치마를 두르고 나는 향단이가 된다
이리하여 장터 어느 넓은 마당을 빌려
램프불을 돋운 포장 속에선
내 남성이 십분 굴욕 되다
산너머 지나온 저 촌엔
은반지를 사주고 싶은
고운 처녀도 있었건만
다음날이면 떠남을 짓는 처녀야
우리들의 도구를 실은
노새의 뒤를 따라
산딸기와 이슬을 털며
길에 오르는 새벽은
구경꾼을 모으는 날라리 소리처럼
슬픔과 기쁨이 섞여 핀다

## 장날

대추 밤을 돈 사야 추석을 차렸다
이십 리를 걸어 열하룻 장을 보러 떠나는 새벽

막내딸 이쁜이는 대추를 안 준다고 울었다
절편 같은 반달이 싸리문 우에 돋고
건너편 성황당 사시나무 그림자가 무시무시한 저녁
나귀 방울에 지껄이는 소리가 고개를 넘어 가까워지면
이쁜이보다 삽살개가 먼저 마중을 나갔다

## 푸른 오월

청자빛 하늘이
육모정 탑 우에 그린 듯이 곱고
연못 창포 잎에
여인네 맵시 우에
감미로운 첫 여름이 흐른다
라일락 숲에
내 젊은 꿈이 나비처럼 앉는 정오
계절의 여왕 오월의 푸른 여신 앞에
내가 웬일로 무색하구 외롭구나
밀물처럼 가슴 속으로 몰려드는 향수를
어찌하는 수 없어
눈을 먼데 하늘을 본다
기인 담을 끼고 외따른 길을 걸으며 걸으며
생각이 무지개처럼 핀다

풀 냄새가 물큰
향수보다 좋게 내 코를 스치고
청머루 순이 뻗어 나오던 길섶
어디메선가 한나절 꿩이 울고
나는
활나물 혼잎나물 적갈나물 참나물을 찾던-
잃어버린 날이 그립지 아니한가 나의 사람아
아름다운 노래하고 부르자
서러운 노래를 부르자
보리밭 푸른 물결 헤치며
종달새 모양 내 마음은
하늘 높이 솟는다
오월의 창공이여!
나의 태양이여!

이렇게 아름다운 시를 쓰던 그녀가 왜 그렇게 변질되었을까. 우리 민족의 원형질이 그대로 녹아있는 시편들! 유년을 도회가 아닌 곳, 황해도 장연에서 자라서일까? 향토색 짙은 정취가 물씬 풍기는 점점이 우리 민족의 얼이요 혼이 시의 편편마다 얼비친다.

그녀의 시 「남사당」을 만나서는 클라리넷의 음조, 「라 스트라다」가 들려오는 것은 무엇일까! 지역과 시대를 초월하여 바닥을 치는 인생 인생들의 군상! 언제든 우리의 가슴을 저밀 것처럼 떠오르는 노스텔지어들, 그 집시들! 점철되는 역사의 오류와 풍랑을 넘나들며 살아내는 민중의 하나하나들! 하늘을 천개 삼고 땅을 발판 삼아 살아가는 남사당패가 우리 전통시장을 점유하고 향단이도 되었다가 월매도 되는가 하면 그 모습과 흡사한 덜컹거리는 포장 친 유랑마차를 타고 「젤소미나」가 「앤소니 퀸」이 나타나 우리의 원초를 건드리며 별 같은 눈물 한 방울 고이게 하는 것은 무슨 일일까. 그렇게 아름다운 시를 쓰던 그녀는 왜 역사의 절름발이가 되었을까?

**시- 「부인근로대」(매일신보-1942년 3월)**

부인근로대 작업장으로 / 군복을 지으러 나온 여인들/ 머리엔 흰 수건 아미 숙이고 바쁘게 나르는 흰 손길은 나비인가/ 총알에 맞아 뚫어진 자리/ 손으로 만지며 기우려하니/ 탄환을 맞던 광경 머리에 떠올라/ 뜨거운 눈물이 피잉 도네 한 땀 한 땀 무운을 빌며/ 바늘을 옮기는 양 든든도 하다/ 일본의 명예를 걸고 나간이여! 훌륭히 싸워주 공을 세워주/ 나라를 생각하는 누나와 어머니의 아름다운 정성은/ 오늘도 산만한 군복 위에 꽃으로 피었네

**시- 「젊은이들에게」(삼천리-1942년 1월)**

늙은 영국을 대해서/ 저 혼혈아 아메리카를 향해서/ 제국은 드디어 선전을 포고했다/ 정의를 위해 대동아 건설을 위해서/ 우리는 불수레를 달렸다

**시- 「기원」 (조광-1942년 2월호)**

신사의 이른 아침/ 뜰엔 비질한 자욱 머리 빗은 듯 아직 새로운데/ 경건히 나와 손 모으며 기원하는 여인이 있다/ 일본의 전 아세아의 무운을 비는 청정한 아침이어라/ 어머니의 거룩한 정성/ 아내

의 간절한 기원/ 아버지를 위한 갸륵한 마음들…/ 같은 이 시간 방방곡곡 신사가 있는 곳/ 아름다운 이런 정경이 빚어지고 있으리

**시-「싱가폴 함락」(매일신보- 1942년 2월)**

아세아의 거시적인 여명은 왔다/ 영미의 독아에서/일본군은 마침내 신가파를 뺏어내고야 말았다//동양 침략의 근거지/ 온갖 죄악이 음모되는 불야의 성/ 싱가폴이 불의 세례를 받는/ 이 장엄한 최후의 저녁 싱가폴 구석구석에 작고 큰 사원들아/ 너의 피를 빨아먹고 넘어지는 영미를 조상하는 만종을 울려라

**시-「님의 부르심을 받들고서」 (영관급 장교(매일신보-43년 8월)**

남아면 군복에 총을 메고/ 나라 위해 전장에 나감이 소원이리니 이 영광의 날/나도 사나이였으면 나도 사나이였드라면 귀한 부르심 입는 것을

갑옷 떨쳐입고 머리에 투구 쓰고/창검을 휘두르며 싸움터로 나감이/남아의 장쾌한 기상이어든/이제 /아세아의 큰 운명을 걸고/우리의 숙원을 뿜으며/저 영미를 치는 마당에랴/영문營門으로 들라는 우렁찬 나팔소리 오랜만에 /이 강산 골짜구니와 마을 구석구석을 /홍분 속에 흔드네

(전쟁 말기로 접어들면선 조선청년에게 전쟁터로 나갈 것을 선동하는 시)

**시-「흰 비둘기를 날려라」(매일신보-1942년 12월)〉**

추녀 끝 드높히 나부끼는/일장기 깃발도 유난히 선명한 이 낮 / 고운 처녀들아 꽃을 꺾어라/ 푸른 하늘에 흰 비둘기를 날려라(일본군의 진주만 습격 1주년을 기념하는 일본군의 명복을 비는 내용)

**시-「군신송」( 매일신보 1944년 12월)**

이 아침에도 대일본 특4공대는 /남방 거친 파도 위에/ 혜성모양 장엄하게 떨어졌으리// 싸움하는 나라의 거리다운 / 네거리를 지나며/ 12월 하늘을 우러러 본다//어뢰를 안고 몸으로/적기를 부순 용사들의 얼굴이/ 하늘가에 장미처럼 핀다//성좌처럼 솟는다. (대동아 전쟁 3돌 기념 특집호 매일신보)

이 외에도 「그녀는 함남 여자 훈련소」에 스스로 입소하고 있다. 神恩과 皇恩을 외우는 것이 훈련의 중심이요, 신체제에 잘 어울리는 황국의 여성이 되게 하는 군인 훈련소와 다름 아닌 곳! 흡사 감옥 같은 곳에서 3개월 훈련을 받고 그녀는 일제가 우리 순결한 소녀들을 잡아다 길을 들이고 어떻게 洗腦 시키는지를 고발하는 내용이 아닌, 바른 규율과 질서, 시간과 물질을 허비하지 않는, 참으로 황국과 황민은 선진적인 국민이라 찬양하는 내용을 참관기라는 이름으로 1943년 국민문학 6월호에 발표하고 있다. 더구나 이 국민문학은 바로 일어로 발간하는 잡지였음을 우리는 주지해야 할 것이다.

그녀가 본격적으로 친일 시를 발표하기 시작하는 것은 시인 김동환이 발행하던 『삼천리』 잡지에 「젊은이들에게」라는 제목으로 일제의 대동아 전쟁을 정당화하는 내용의 시를 쓰면서부터이다. 2월에는 조광이라는 잡지에, 같은 달 매일신보에 「싱가폴 함락」을 싣고 3월에는 역시 총독부 기관지 매일신보에 「부인근로대」라는 시를 발표하므로써 자발적이고 적극적인 친일에 가담한다. 위의 친일 시편들 말고도 해방을 바라보는 1945년 2월에 산호림에 이어 그녀의 두 번째 시집 『창변』에는 「진혼가」 「출정하는 동생에게」 「학병」 「신익-마쓰이 오장 영전에」 「병정」 「천인침」 「싸움하는 여성」 등의 제목으로 친일 시들이 실리고 여류 중에는 상당히 많은 스물두 편의 친일시편과 산문을 발표했다.

더구나 친일 시들을 발표하기 이전, 1939년에는 전쟁 지역인 중국 화북지방을 순회하며 황국위문사절단 단원으로 일제 황군을 독려했으며 총독부 산하 문인단체인 〈조선문인협회〉에도 가입, 문협을 포함한 총독부 관변 4개 단체가 합류한 〈조선임전보국단〉에서 전쟁물자 보급 운동을 펼칠 때 부인대 간사로 근로 봉사는 물론, 군복수리 운동에 열을 올리는가 하면 모윤숙 최정희와 함께 위안부 차출에 힘을 썼다는 것이니 우리의 얼이요 혼이 녹아난 시를 많이 발표했던들 그 죄를 무엇으로 갚으리요. 오히려 안 썼느니만 못한 것 아니었을까.

우리의 영혼을 우리의 아까운 청춘들을 진흙밭과 피밭에 내던졌으니 어찌 하리요. 전쟁을 독려 선동하는 대회와 행사에 참여, 학도병으로 가미까제 특공대로 자원은 얼마나 영예스러운가, 시를 낭독하고 있으니 어이하랴! 급기야 「기원」이라는 시에서 그녀는 정갈한 신사의 마당에서 전 아세아에서 전쟁을 일으키고 있는 흉악하고 포악한 일제의 승리를 향한 더 없는 기도에 임하고 있으니 더 말해 무엇하랴!

당시를 문헌을 통해 상상할 뿐인 후예들 역시 유구무언이지만 초근목피하다 못해 휴대하고 있었던 양초를 씹으며 일제와 싸웠던 독립군들을 생각하면 뼈가 저린다. 조국의 독립을 위해 만주와 봉오동 청산리, 영하 30도가 오르내리는 추위에 베잠방이 하나 걸치고 동상이 걸린 맨발로 산과 계곡을 타던 영혼들 앞에 무슨 항변이 가하리요. 일제 전선을 부수기 위해 이름도 없이 죽어간 수많은 영령들 앞에 열개인들 어떻게 입을 벌리랴!

출옥한 다음 해 1952년에 그녀는 옥중 경험을 바탕으로 하는 회한이 담긴 시편들 「오산이었다」 「영어에서」 등을 엮어 위에서도 말한 바 『별을 쳐다보며』라는 시집을 발간한다. 1955년에는 서라벌 예술대학에 출강하는가 하면 경성방송국 촉탁을 지내는 등, 반민족 행위자 처벌이 이루어지지 않은 정국에서 다른 친일작가들과 마찬가지로 노천명 역시 민족적 어떤 제재도 없이 명예롭게 살다가 1957년 6월 16일에 사망한다.

또한 2001년에는 현대시문학연구회에서 노천명문학상이 제정되었으니 국민의 혈세를 누수시키며 우리 민족의 얼룩이요 치욕이 지금도 후세대에 전해지고 있다.

이 청산되지 못한 역사로 인해 다시금 우리 조국을 찬탈하고 우리 민족의 찬연한 역사를 훼손하려는 이무기들이 대선전에 나와 어정거리는 꼴을 차마 날마다 보고 있다. 그들을 떼지어 환호하는 세력들이 버젓이 백주를 뒤덮으니 오호 통재라! ■

# 신분세탁의 달인, 주요한!

신분세탁의 달인, 주요한!

1959년 2월 4일 자 경향신문에는 아래와 같은 글이 무기명으로 게재되었다. 일명 '여적필화사건' 이라고도 불리는 아래 기사로 인해 당시 가톨릭재단이 소유하고 있던 보수파 경향신문은 폐간의 위기에 몰린다. 단평이지만 1인 장기집권 체제를 고수하기 위해 수단과 방법을 가리지 않던 이승만 정권에 정면으로 도전하는 글로 인해 편집국장이던 강영수가 연행되고 문제의 칼럼을 쓴 사람은 다름 아닌 논설위원을 맡고 있던 주요한으로 밝혀진다.

기사를 허위사실로 간주, 허위 보도와 여적을 통한 폭력 선동 등을 묶어 형법과 국가보안법 위반으로 단정하고 그해 4월 폐간 명령을 받는다. 그러나 재심에서 폐간 판결은 가혹하다고 판단한 법원은 무기 발행정지 처분을 다시 내린다. 그러던 중 다음 해 4월 혁명이 일어나 자유당 정부가 전복되면서 발행허가 정지가 집행정지로 결정되면서 1960년 4월 27일 1년여 만에 복간된 사건이다.

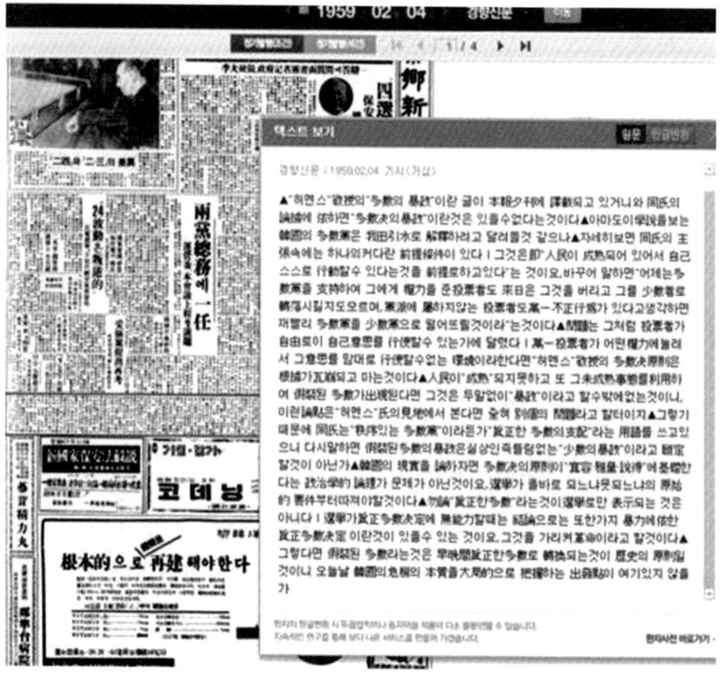
1959 02 04 경향신문

텍스트 보기

경향신문 : 1959.02.04 기사(사설)

▲"허먼스"敎授의"多數의 暴政"이란 글이 本報夕刊에 譯載되고 있거니와 同氏의 論據에 依하면"多數決의暴政"이란것은 있을수없다는것이다▲아마도이學說을보는 韓國의 多數黨은 我田引水로 解釋하려고 달려들것 같으나▲자세히보면 同氏의 主張속에는 하나의커다란 前提條件이 있다！그것은卽"人民이 成熟되어 있어서 自己 스스로 行動할수 있다는것을 前提로하고있다"는 것이요.바꾸어 말하면"어제는多數黨을 支持하여 그에게 權力을 준投票者도 來日은 그것을 버리고 그를 少數黨로 轉落시킬지도모르며,黨派에 屬하지않는 投票者도萬一不正行爲가 있다고생각하면 재빨리 多數黨을 少數黨으로 떨어뜨릴것이라"는것이다▲問題는 그처럼 投票者가 自由로이 自己意思를 行使할수 있는가에 달렸다！萬一投票者가 어떤權力에눌려서 그意思를 맘대로 行使할수없는 環境이라한다면"허먼스"敎授의 多數決原則은 根據가瓦解되고 마는것이다▲人民이"成熟"되지못하고 또 그未成熟事態를利用하여 僞裝된 多數가出現된다면 그것은 두말없이"暴政"이라고 할수밖에없는것이니, 이런論點은"허먼스"氏의見地에서 본다면 全혀 別個의 問題라고 할터이지▲그렇기 때문에 同氏는"秩序있는 多數黨"이라든가"眞正한 多數의支配"라는 用語를 쓰고있으니 다시말하면 僞裝된多數의暴政은실상인즉틀림없는"少數의暴政"이라고 斷定할것이 아닌가▲韓國의 現實을 論하자면 多數決의原則이"寬容·雅量·說得"에 基礎한다는 政治學的 論理가 문제가 아닌것이요.選擧가 올바로 되느냐못되느냐의 原始的 要件부터따져야할것이다▲勿論"眞正한多數"라는것이選擧로만 表示되는 것은 아니다！選擧가眞正多數決定에 無能力할때는 結論으로는 또한가지 暴力에依한 眞正多數決定 이란것이 있을수 있는 것이요.그것을 가리켜革命이라고 할것이다▲그렇다면 僞裝된 多數라는것은 早晩間眞正한多數로 轉換되는것이 歷史의 原則일것이니 오늘날 韓國의危機의 本質을大局的으로 把握하는 出發點이 여기있지 않을가

그렇다면 경향신문 폐간이라는, 제1 공화국 최대의 언론탄압 사건을 일으킨 장본인 주요한! 일제 치하와 한국동란이 지난 후 이승만 정권 시절, 시를 쓰는 조선문학인협의회 소속의 주요한은 종신 대통령제를 꿈꾸던 이승만 정권에 정면으로 도전하여 세상을 놀라게 했던 인물이다.

그러나 과연 그는 누구인가? 위와 같은 행보도 있어서인지 1979년 주요한이 80세를 일기로 생을 마치자 그해 나라에서는 국민

훈장 무궁화장을 추서한다. 해방 정국 이후, 우리말 발음의 그의 이름만큼이나 정부 요직을 두루 섭렵한 행적 때문이었을까. 그러나 그의 과거 행적을 들여다보면 부일 세력에 대한 청산이나 척결이 되지 않은 사회에서 이는 친일세력들이 아직도 다분히 판을 치고 있었다는 방증傍證으로 밖에는 해석할 길이 없다.

"……아아 해가 저물면 해가 저물면, 날마다 살구나무 그늘에 혼자 우는 밤이 또 오건마는 오늘은 사월이라 파일 날, 큰길을 물밀러 가는 사람 소리는 듣기만 하여도 홍성스러운 것을…"

자유시의 효시로 교과서에서 배웠던 위의 시, 주요한의 '불놀이'는 20세 作詩 라는 약관의 나이를 믿을 수 없으리만치 원숙한 열정으로 나를 압도했던 것을 기억한다. 전문을 읽다보면 흡사 헨델의 「왕궁의 불꽃놀이」를 연상케도 했던 작품으로 1919년 주요한이 신시운동을 펼치던 몇몇 지면 중 하나였던 『창조』 창간호에 발표되었던 시다.

목사였던 아버지를 따라 어린 나이에 일본 땅에 발을 딛은 그의 학업은 상해 후장대학 입학 전까지 모두 일본 땅에서였다. 대학 졸업 후 〈조선문단〉, 〈독립신문〉 등에서 '송아지' 라는 필명으로 발표되었던 「조선의 누이야 아우야」, 「조국」 등 몇 편의 시는 조선의 독립을 힘껏 외치고 있던 것임을 알 수 있다. 그런데 그는 왜 변절했던 것일까. 평양에서 목회를 하던 주공삼의 8남매 중 장남이었던 그에게 평양 숭덕소학교는 그가 국내에서 몸담았던 교육현장의 전부라고 해도 과언이 아니다. 그래서 그의 변질은 쉬웠던 것일까.

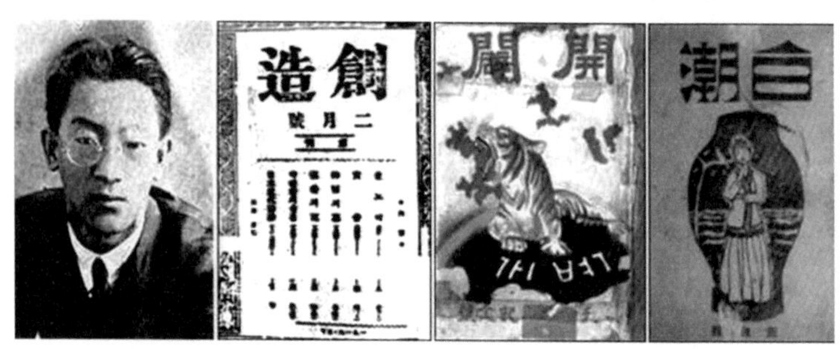


"나라의 부름 받고 가실 때에는/ 빨간 댕기를 드리겠어요/ 몸에 지니고 싸우시면/ 총알이 날아와도 맞지 않아요/

북쪽에서 돌아오는 기러기는/ 갈대 밑에 재우겠어요/ 꿈에 돌아오시는 당신은/ 원앙침에 주무시게 하겠어요

아무르의 얼음도 여름에는 녹겠지요/ 녹았어도 소식이 없는 여름일랑/ 까만 댕기에 하이얀 간호복 입고/ 저도 나라 위해 있는 힘 다 바치겠어요

서강 저녁놀의 타는 듯한 붉은 핏빛은/ 장렬하게 싸우다 산화하신 당신의 피/ 무언의 개선, 마을 역 앞에서/ 하이얀 댕기 드리우고 만세를 외치겠어요"

-「댕기」 시 전문 -タンギ 『국민문학』1941년 11월호

위의 시는 「댕기」라는 시의 전문이다. 빨강은 정열을 상징함과 동시에 피를 상징하기도 한다. 전쟁에 나서는 애인에게 혹은 배우자에게 드리는 마음의 혈서는 부적이 될 것이다. 북쪽에서 당도하는 흉흉한 소식에 흔들리는 마음을 모질게 먹고 그리움에 지친 님은 꿈속에 서로 만나 정을 나누리라. 북방 아무르의 여름에 얼음이 다 녹

아도 소식이 없다면 당신은 기어이 총탄을 맞고 가버렸나. 나라의 부름을 받고 가신님처럼 나도 나라에 기꺼이 몸 바치련다. 붉은 댕기 대신 검은 댕기를 매고 하얀 간호복 입고 힘껏 나라를 위해 헌신하련다. 서강에 타는 저녁놀만 보아도 핏빛은 장렬하게 싸우다 간 내 님의 피! 내 님을 전쟁에 바치고, 내 님은 돌아 올이 없지만 마을 역에 살아서 돌아오는 장병을 싣고 기차가 들어오면 하얀 댕기 매고 나가서 외치겠노라.

위의 시, 댕기의 내용을 들여다보면 대충 이렇다. 한국 여인의 정조를 동원하여 씌어진 위의 시 「댕기」는 깊은 수사가 동원되지 않아 쉽게 읽힌다. 어조가 부드럽지만, 그 내용이 시사하는 바는 처절하다. 서두에 표현된 '나라의 부름 받고……' 라는 구절로 이미 일제를 제 나라로 전제하고 있다.

1938년 만주에 괴뢰정권을 수립한 일본은 관동군으로 하여 북만주 지방까지 제압하기에 이른다. 이로써 외몽골과 소련 접경지역에 잦은 분쟁이 일어나던 중 이를 완전히 평정하려고 일본은 이때 전면전을 시작하고 있다. 그러나 이 '노몬한 Nomonhan' 지역 전투에서 몽골과 러시아가 손을 잡는 바람에 일본군은 태평양 전쟁에 타격이 갈 정도로 대패하고 말았던 것이다.

중원의 넓은 땅을 차지하고 러시아까지 넘보려던 일본은 그래서 북진정책을 서서히 거두고 남진으로 전쟁 시나리오를 다시 쓸 때가 1940년경부터 41년이다. 위의 시 「댕기」는 그리하여 대패한 북만주에 간호사도 자원하고 군인도 가야 한다는 것이요, 군복도 짓고 물품조달의 일꾼이 되어 죽을 각오로 헌신하라는 것이다. 그런 연유로 북쪽에서 돌아오는 기러기라는 표현으로 흉흉한 북만주의 소식을 나타내고 아무르의 여름과 얼음을 운운했던 것이다.

징용으로 떠나는 군인은 말할 것도 없고 후방의 아낙도 빨간 댕기를 검은 댕기, 하얀 댕기로 바꾸어 맬지라도 나라를 위해 목숨 바치겠다고 결전을 각오하고 있다. 이 결전의 신념이 자신의 모국, 내 핏줄을 지키는 결의가 아니라 내 나라를 짓밟은 점령국의 대동아 공영이라는 무모한 탐욕에 목숨을 내놓으라는 것이니 만대를 두고 통탄할 일 아닌가!

여기서 더구나 하이얀 간호복이란 무엇을 말하는가. 일본은 처음에 간호사나 점포의 점원 등이 필요하다고 한반도에서 여자들을 잡아갔다. 간호사는 의사와 결혼할 수도 있고 돈을 벌어 공부도 할 수 있다고 꼬였으니 현실이 녹록치 않은 여성들이 간혹 자원하기도 했다. 이 간호복을 입은 여성은 저들이 말하는 바로 전장터의 성노예를 표현한 것으로 우리 민족의 고결한 딸들에게 기꺼이 정신대로 자원하라는 말 아닌가.

전후 일본 소설 나쯔메 소세끼의 「인간의 조건」은 전장의 실체를 얼마나 잘 드러냈던가. 군 위안소에서 군인들을 하루 종일 받고 해 떨어지는 만주 벌판에 줄지어 숙소(바라크)로 걸어가는 여자들의 발걸음을 일러 "…… 시들대로 시들었다."고 나쯔메 소세끼는 묘사했던 것으로 기억한다. 일본말 번역본이기는 했으나 반세기가 되어

가는 지금까지 가슴을 옥죄어 그간 살면서 나는 -시들다-라는 표현을 가능한 삼가고 있다.

그 외 「성전찬가聖戰讚歌」, 「최초의 피」 등 계간 『실천문학』은 2002년 친일문학 작품 명단을 정리 · 발표한다. 이광수에 이어 두 번째로 많았던 주요한의 글 43편은, 44년에 안겨진 제5회 조선예술문학상과 함께 이광수에 버금가는 친일문필가라는 별명을 부여받기에 족한 숫자였다. 일본의 와카(和) 형식을 빌어 쓴 『손에 손을…… 』 이라고 하는 시집으로 주요한 친일문학의 정점을 찍음으로써다.

1920년대 중반 그가 주요 멤버로 활약하던 〈수양동우회〉는 당시 이광수가 이끌고 있던 독립운동단체로 도산 안창호가 설립한 〈홍사단〉의 국내 단체다. 그는 1925년 후장 대학을 졸업하자 동아일보, 조선일보 등 언론을 주 무대로 독립운동에 기여코자 하였으나 이 운동단체를 눈여겨보던 일제가 해산명령을 내리기에 이른다. 그리하여 거부 운동에 들어간 150명의 동우회 단원은 37년 일제히 검거되고 말았던 것이다.

음악계의 홍난파, 현제명, 문학계의 전영택을 비롯한 여러 문사가 전향 성명을 발표하는 등, 동우회 개개인이 여러 형태로 일제에 협조할 것을 약속하면서 옥사한 2 명을 빼고 무죄 평결로 사건은 마무리 된다. 그것이 1941년이었다.

그런데 위의 사건으로 37년 6월에 검거된 후 38년 11월 예심 보석 출소 기간 중에 전향을 선언하고 조선 신궁에 참배한 주요한은 이후 국민정신 총동원연맹과 함께 조선문인협회 결성에 주력한다.

그해 9월 『조광』에 시조 「여객기」 발표를 시작으로 문필로써 일제에 협력을 시작하는가 하면, 40년에는 내선일체 운동단체인 국민훈련후원회가 벌인 일본어 보급운동에 참여하고 마는데, 이는 일본어를 자유자재로 구사하여 일본어로 문명을 날려야 한다는 것이 그의 주장이었기 때문이다. 또한 전쟁협력 단체인 임전대책협력회 결성 준비위원으로 참가하면서 전쟁 후원을 독려하는 글을 쓰기 시작하면서 발표된 시가 「댕기」이다.

위의 내용처럼 조선 신궁에 참배한 후 1938년 12월 그의 행보는 더욱 바빠진다. 수양동우회를 대표하여 현금 4,000원을 국방 헌금조로 종로경찰서에 기탁하는가 하면, 그해 12월 14일 '시국유지원탁회의' 참석을 시작으로 그의 친일은 노선을 본격화 하고 있다. 징병제 찬양, 미, 영타도 궐기대회, 대동아공영권 찬양대회, 학병찬양 학교 순회 강연회 등, 강연에 열을 올리는가 하면 문인보국회, 임전보국단 등 이루 헤아릴 수 없이 많은 친일부역단체의 간부를 섭렵함으로써 어떤 말로도 비켜날 수 없는 친일인사로 못 박히고야 만다.

주요한, 그렇다면 해방이후 그의 행보는 어땠을까. 그는 상공부장관, 부흥부 장관, 대한일보 사장, 동아 · 조선일보 편집장, 대한해운공사 대표, 무역진흥공사 사장 등 문화계와 언론, 정재계 요직이란 요직을 두루 맡는다. 일본서기의 국조이념인 〈紘一 〉을 넣어 '마쓰무라 고이치(松村紘一)로 창씨개명을 했던 인물임이 기억에서 흐려지기도 전에 그는 홍사단 활동을 재개함으로써 우국지사요 독립투사로 다시 신분을 세탁하고 있다.

1909년, 하얼삔 역에서 제1대 조선통감 이토 히로부미를 비롯한 괴수들을 총탄으로 처단한 안중근 의사는 태극기를 품에서 꺼내어 힘차게 대한독립만세를 외치고 체포된다. 만세를 외치지 않고 바로 도주했다면 그는 어떻게 되었을까. 일경에게 잡히지 않을 수 있었을까. 그러나 그에게 도주란 목숨을 구걸하는 비루에 지나지 않았을 것이다.

비열을 결코 용납지 못하는 기개세의 풍운아 안중근 의사가 훗날 주요한, 이광수와 같은 친일 지식인을 만났다면 어찌 했을까. 전 세계를 한 개의 집으로 만들자는 일본의 국조개념 굉일 紘一, 침략국의 무모한 야욕을 획책하는데 제 민족의 목숨을 초개같이 버리라고 고무하고 선동하는 갖은 필설을 만났다면 뭐라 했을까.

비열은 더한 비열과 변절을 생산할 뿐이다. 점령국의 공포정치가 두려워서였다면 다음에 오는 해방정국에서는 조용히 지하에 묻혀있어야 했다. 위에서 언급한 바, 이승만 정권 말기 '餘敵 필화사건' 으로 경향신문이 이승만 정권에 의해 폐간되는 등, 부패한 정권에 맞서 싸운 기록이 있으나 그것으로 너무도 뚜렷한 그의 친일 흔적을 상쇄시킬 수는 없다.

지난 3 · 1절 행사장에 성조기와 일장기를 들고 나타나 방화와 폭행을 서슴지 않고 소요를 일으킨 태극기 모독부대의 집단행동을 보며 간담이 서늘해진다. 소규모지만 내란이며 매국이다. 가차 없이 색출하여 엄벌에 처할 일이다. 친일청산에 게을리 했던 과오가 돌아서서 우리를 다시 겨냥하게 되는 건 아닐까. 적폐의 가장 근원에 친일이 도사리고 있다. 고금을 통해 예술, 더구나 문학은 민족혼에 그 뿌리를 두고 있어야 하는 것 아닌가! ■

## 나는 과연 저격수가 될 만한가 -청마 유치환 편

나는 과연 저격수가 될 만한가 -청마 유치환 편

물빛 하늘만 봐도 눈물이 되었던 감수성 많던 계절에 우체국과 시인 이영도, 통영 바닷가에 부딪히던 파도와 나부끼던 깃발에 잠시라도 침식당하지 않은 청춘은 없었으리니 반세기가 지나서야 그의 저격수들이 몸을 일으킨다.

'首' 라는 작품에 '匪賊' 이라는 단어를 앞에 놓고 그를 선양하려는 측과, 반민족 행위자 명단에서 제외되었다고 면죄부를 얻은 건 아니라며 청마 탄생 100주기를 기념하여 기념관을 짓는 등, 막대한 예산을 들이려는 통영시와 통영시의회에 시민단체들이 들고 일어난 것은 2천 년대 초부터다.

**수首**

십이월의 北滿 눈도 안 오고

오직 만물을 苛刻 하는 흑룡강 말라빠진 바람에 헐벗은
이 적은 街城 네거리에
匪賊 의 머리 두 개 높이 내걸려 있나니
그 검푸른 얼굴은 말라 소년같이 적고
반쯤 뜬 눈은
먼 寒天에 模糊히 저물은 朔北의 산하를 바라고 있도다
너희 죽어 律의 처단의 어떠함을 알았느뇨
이는 四惡이 아니라
질서를 보전하려면 인명도 鷄狗와 같을 수 있도다
혹은 너의 삶은 즉시
나의 죽음의 위협을 의미함이었으리니
힘으로써 힘을 除함은 또한
먼 원시에서 이어 온 피의 法度로다
내 이 각박한 거리를 가며
다시금 생명의 險烈함과 그 결의를 깨닫노니
끝내 다스릴 수 없던 무뢰한 넋이여 瞑目 하라 !
아아 이 불모한 思辨의 풍경 위에
하늘이여 은혜하여 눈이라도 함빡 내리고지고

십이월 북만주의 눈도 안 오는데 흑룡강 삭풍이 부는 가성네거리에 참수되어 걸려있는 조선독립군 항일무장 요원! 너를 제압하지 아니함은 내 죽음과 무관치 아니하니 너희 죽어서야 대일본 제국의 법에 따라 처형된 그 의미를 알았느냐. 이는 네 가지 악이 아니라 질서를 보전하려면 때에 따라 인명도 개나 닭 같을 수 있느니 이 삭막한 거리를 걸어가며 생명의 험하고 쓰라린 맛을 되새기니 끝내 다스릴 수 없었던 죽은 자여 똑똑히 보라. 하늘에서 은혜를 내리듯 눈발이라도 날렸으면 …

『실록 친일파』에서 고 임종국 선생도 그의 시 「수」가 거짓 평가를 받는 친일 시라고 확언한 바 있지만 청마의 가족은 물론 그가 태어난 거제시와 통영시, 문학단체들은 수에 나오는 비적匪賊이 일반적으로 언급되는 도둑이라고 줄곧 주장하고 있다. 1942년 3월 『국민문학』을 통해 발표된 이 「首」는 북만주 당시의 상황과 잔인무도한 일본 괴뢰정권의 만행을 한마디로 집약 상징한다고 할 수 있다.

1939년에 만주 봉천으로 이주한 유치환은 1940년 6월부터 해방하던 해, 1945년 6월까지 북만주 빈강성賓江省 연수현延壽縣 신구新區의 '자유이민촌 가신홍농회' 농장을 경영하며 1943년부터 하얼빈 협화회에서 근무했다.

1931년 만주를 침략한 일본은 다음 해 괴뢰정권을 세우고 2~3십 명 단위 많게는 수백 명 단위로 일어나는 항일만주독립군과 조선인 무장투쟁단을 토벌해 우두머리를 잡아 반드시 효수하여 사람들이 번다한 거리에 걸어놓았다는 것이니 이를 비적이라고 통칭했다는 것이다.

1939년부터 협화회에 소속된 조선인들은 동북항일연군 등을 토벌하는 데 선무공작대원으로서 산악을 누비고 다녔다. 〈선무반원명부宣撫班員名簿〉에서는 협화회 소속 조선인들을 확인할 수 있었다 하니 유치환도 결코 이 일로 자유롭지 못한 것이 증명된 셈이다.

위의 시처럼 남의 나라를 침략한 괴뢰 정부의 보전을 위해 법도와 률에 따라 인명도 개나 닭이 될 수 있다, 하니 당시 만주 벌판을 누비며 하얼빈을 중심으로 목숨 걸고 항일투쟁에 몸 바쳤던 억울한 죽음들, 더구나 비적이란 이름을 달고 개나 닭처럼 죽었으니 어찌 눈을 감으랴!

그렇다면 논란이 되고있는 이 '匪賊' 이 항일투쟁 군이냐, 일반적인 도둑을 가리키는 것이냐. 현대사 아세아 연구원인 거제 출신의 전갑생 님이 일본 방위성 자료와 만주 현지로 자진 급파하여 당시의 비적이 있었는가를 샅샅이 탐문하고 파헤치고 돌아와 2008년 언론에 발표함으로써 당시의 한반도이든 만주 현지이든 일본 괴뢰군 때문에 도둑떼는 전혀 없었다는 것으로 이 논란에 종지부는 이미 찍힌 바 있다.

그 밖에도 친일잡지 춘추에 발표한 학병출정 장려시 「전야」와 아세아의 산맥을 넘어서 동방의 새벽을 일으키다, 로 끝을 맺고 있는 「북두성」이 청마 유치환을 도리 없이 친일시인으로 추락시키고 있음을 기억해야 한다. 한 치도 물러설 수 없는 엄혹한 시대에 나약

한 예술혼의 초상화인 것이 밝혀졌다.

이는 생명파 시인으로서 자신의 목숨 부지를 위해 영혼을 삭북과 저열에 팔아버린 것이니 이제야 저격수를 자처하는 나는 그 비열과 저열로부터 자유로울 것인가. 컴컴한 눈동자를 한 다른 색채의 압제와 문단 권력으로부터 나는 자유롭게 살아오고 있는가! ■